タワーの文化史

河村英和 著

丸善出版

まえがき

「タワーらしさ」とは、それ自身の高さという物差しのみで測れるものではない。高層ビルが密集せず、周りのビルも高くてせいぜい四～五階建て、そんな一九七〇年代以前のような昔ながらの高さの建物が主流の土地に、唐突にニョキっと一本、さらに際立って高い建物が君臨すれば、瞬時に周りと差別化され、ある種の異質感が出てくる。たとえその塔らしきものが、世界のタワーランキングを競うどころか、全く高層建築の部類に入らないものだとしても、その地域ではタワーらしさを演出することは充分可能だ。よって高さが三〇メートルにすら及ばなくても、周りの建物が低層階のものばかりの場所なら、それは立派にタワーとなりうるのである。またなんの建物もない広大な野原に、一〇メートルの高さの細長い石一本（メンヒル）が立っていたら、それはそれで疑似的にタワーのような印象を与えるだろう。つまり周りの環境次第で、ある一定の高さをもった塔状の物体は、タワーになりやすくもなったり、なり難くもなったりする。高層建築だらけの地区に、その街で最も高い塔状のビルが、周りの建物群と数メートル差でできても、それは周りに埋没してしまい「タワー感」はあまり感じられないだろう。しかしある建物の高さが、タワーらしさを感じられるような周辺環境との関係にあったとしても、その横幅がある程度大きくなる場合は判断が難しくなる。マッシヴ感というか、巨大構造物感の方が強くなってしまい、タワー感が薄れてしまうからだ。例えばウィーンやベルリンなどに残るナチスが第二次大戦でつくった高射砲塔（フラックトゥルム）は、文字通り「トゥルム（ドイツ語でタワー）」ではあるが、要塞として横幅もがっしりしているので、マッシヴ感が勝る分タワー感が弱まってしまう。

「タワー感」を意識するのに必要な条件は、周辺環境に左右されるだけでなく、個人の感性によってそれぞれ異なるだろう。少なくとも建物の横幅の四倍以上の高さで充分な場合もあるだろうし、東京タワーのように横幅が高さとともに変化する、つまり放物線で先細ってゆく「テーパー」がつけばよりタワー感を感じることもあろう。

一方で機能面から「タワーらしさ」を判断することもできる。その基準の一つに、展望台（あるいは展望室、展望階）の有無がよく挙げられる。とはいえ展望台を備えていないタワーが多いことも事実であるが、いずれにせよ展望すること、俯瞰することとタワーの関係は深い。その意味でもエッフェル塔の建設は大きな分岐点で、タワー史に変革をもたらした一大事件だった。ロラン・バルトは、エッフェル塔は見られる対象であるとともに、展望する視点を提供したタワーであることに着目した。エッフェル塔の時代から現代に至っても、これと同様のことがいえるタワーは無数にあるものの、たしかに一九世紀後半から二〇世紀初頭に高揚したヨーロッパ列強国間のナショナリズムは、技術力に比例する国力の威厳を、タワー自体を鑑賞すべき対象にしたと同時に、そこから見渡せる展望をもアトラクションにすることに成功した。このことは本書の大きなテーマの一つとなっている。タワーから自国の景色（自然、都市、万博会場など）を展望することは、無意識のうちにも愛国心を育てる効果があるが、近年の超々高層ビルのようにあまりに高くなりすぎると、飛行機の窓からの眺めに近づいてしまい、展望対象のディティールが把握しにくくなる。それでも、やはり高さへの挑戦は、技術力や経済力と連動する国力を誇示するため、直に視覚に訴える試みといえる。欧米で展望塔ブームが起こった一九世紀後半から二〇世紀初頭には、公共建築（議事堂、市役所、裁判所、大学、とくに保険会社に多い大手商社ビルなど）に高い塔を付随させることも大流行したが、これは現代の我々が高層建築で挑戦していることと同じく、「国力の視覚化」であり、このテーマについても本書では取り上げている。

さまざまな国籍、住んでいる地域、他の国や地域を訪れる頻度などの違いも考慮しながら、多くの人々のもつタワーに対する意識調査を行い、その結果を分析しながら、塔の高さと横幅の黄金比率やアスペクト比を考慮すれば、人が感じとる「タワー感」の条件を数値化することができるかもしれない。しかし本書では主に歴史的な観点から、「タワー感」があると筆者が判断した建物を集め、高さの程度や建設目的等さまざまなタイプのタワーを取り上げ分類し、時代順に追いながら、タワーの歴史を「展望」した。そうすることによって、古代からのタワーの概念が、現代にも脈々と受け継がれてきたことがみてとれ、さらにオフィスビルやホテルのような高層建築の歴史も、本書で顧みることもタワー史を語るには必要と判断した。

本書の構想のもととなった筆者の研究には、「観光絵葉書に現れるファシスト党支部とファシズム建築・都市―一九二〇～四〇年代のプロパガンダとリットリオ塔からイタリア初期高層ビル発生への流れ」（二〇一一年六月、第三五回地中海学会大会）、二〇一一年四月にチリのサンチャゴ国際大学で開催された「世界のケーブルカーとエレベーター」をテーマにした工業遺産会議で発表した「ベルエポック期における観光アトラクションとしての屋外垂直型エレベーターについて」（会議開催と同時に論文集発刊：Ewa Kawamura, *Gli ascensori "verticali" come attrazione turistica della belle èpoque* in *Ascensoresy funicolarares del Mundo*, Universidad Internacional SEK, Santiago de Chile, 2011, pp.179-202.）、二〇一二年四月にローマのトルヴェルガータ大学土木工学科で行われた建築史系研究会での口頭発表「エッフェル塔建設前後の展望塔ブームとナショナリズム思想について *Lo spirito nazionalistico e il boom delle torri belvedere prima e dopo la Tour Eiffel*」などと、東京スカイツリーの開業という一大歴史的事件に影響された筆者の思い、そしてなによりも増して本書の完成は、丸善出版・企画編集部の小根山仁志さんの柔軟で示唆に富んだアイディアの賜物で、ここで深く御礼申し上げたい。

二〇一三年七月

河 村 英 和

もくじ

第三章　世界一の高さへの挑戦と展望塔ブーム……093

第四章　塔の美学――様々な展望の愉しみ方……129

第一章

高層タワーへ至る前史
――なぜ人は高いところをめざすのか?

スタンディング・ストーン――先史時代にみる塔の源

先史時代、古代の建造物の中で、何が天空の高みへ伸びてゆこうとしていたのか、何が高層建築の始まりだったのか、そしてそれらが、後世、近代や現代の高層タワーにまで、どのような影響を及ぼしたのだろうか。

まずはじめに、英語「タワーtower」の語源について整理してみよう。古英語ではtorr、古フランス語のtur、近代フランス語のtour、ドイツ語のTurm、イタリア語のtorreに相当し、それらのもとはラテン語の「高い構造物turris」であった。ラテン語を公用語とする古代ローマにも、要塞の見張り塔がすでにあったからだが、タワーという言葉が各国語で浸透したのは中世だ。というのも中世には様々なタワーが出揃ったからである（図1-1①②）。中世、ヨーロッパ各地には、城砦の見張り塔、教会の鐘楼、塔の家（タワーハウス）ができた。ボローニャ、フィレンツェ、シエナ、サン・ジミニャーノといった中部イタリアの都市では、有力者たちが競って塔を建てていた。教皇派《ゲルフ》と皇帝派《ギベリン》の間で起こった派閥争いが、塔の高さ競争にまで発展したからだ。一三世紀のボローニャでは、彼らの建てた塔が一八〇件にも及び、マンハッタンの高層ビル群の光景を先取りするかのようだった（図1-1③[1]）。時代が下るにつれ、これらの塔は次々と減少したが、サン・ジミニャーノには今でも多くの中世の塔が残っている（図1-1④）。これらの塔は大別すると、住居と隔離される場合と付属する場合があったが、いずれにしてもあくまで高さを競うもので、細くて階段スペースのみとなり、住空間ではない。一四世紀のアイルランドやスコットランドなどヨーロッパの一部の地域に点在する塔形の住居「タワーハウス」とは性格を異にするものだ。

孤高の塔の形状として最もプリミティヴな存在は、まだタワーの言葉のない先史時代にもあった。建築以前の初期状態、一本の立石（スタンディング・ストーン）で、ほとんど加工されていない自然石である。それは巨大で長い石で、「メンヒル menhir」とよばれる。メンヒルの語源は、古代ブルトン語の「長い石」で、ときには「モノリス monolith（一つの石）」とも「メガリス megalith（巨大な石）」ともよばれる。ただしモノリスはもっと広義で、単体で最初からそこにあった盛り上がった天然の岩や山もモノリスに含まれる。その形状からタワーの名が付けられたものに、モンタナ州にある「ベルタワー（鐘楼）」という奇岩、コロラド州の隆起岩の集まる自然公園「神々の庭園」内にある「バベルの塔」という石柱（図1-1⑤[2]）、ワイオミング州には、映画『未知との遭遇』に登場するマグマが凝固した巨岩の山「デヴィルスタワー（悪魔の塔）」などがあり、これらもモノリスの一種とされている。[3]

一方メンヒルは、人為的に運ばれてきた天然石の一枚岩で、縦長に垂直に置かれ、先が細い方を天に向ける。それはまるで塔状の記念碑のようだ。最も有名なメンヒルといえば、イギリスにあるストーンヘンジである。これはモノリス（単石）ではなく、列石でしかもそれが環状に配置されているので、高層塔というよりも巨大建築の源のような感を受ける。初めてストーンヘンジの学術調査が行われたのは一七世紀、建築家のイニゴ・ジョーンズ（一五七三～一六五二）によってであり、[4]以来ヨーロッパの建築家の間で知られるようになり、一九世紀になるとカンスタブルやターナーといったイギリス人画家たちがストーンヘンジのある風景画を描くようになった（図1-1⑥）。

フランスのブルターニュ地方カルナックに集中するメンヒルには、塔のようなものが多い。一九世紀には頂上に十字架やマリア像が置かれ崇められた。高さは様々だが、高いものは一〇メートル近くもあり、高さを強調できるよう、人物が一緒に写り込んだ観光絵葉書も二〇世紀初頭に販売され、すでに観光名所となっていた（図1-2①②）。

メンヒルが立てられた目的はわかっていないが、このような巨大な石を遠方から運んで垂直に立てるには、多大な労力を必要とするので、何か重要な目的があったことは確実である。メンヒルは、スカンディナヴィアや小規模ながら日本にまで、世界各地に残っているので、太陽神崇拝のために立ったという説が有力だ。いずれにせよメンヒルは、高く天空へ向けられていたことには変わりなく、ここに高層タワーの源を見ることは難しくない。

☑ 図1-1　①中世の塔の一例：フランス・ルダンの四角（カレ）塔（20世紀初頭の観光絵葉書）、②中世の塔の一例：ルーアンのジャンヌ・ダルク塔（20世紀初頭の観光絵葉書）、③高層ビルのようなサン・ジミニャーノの中世の塔（20世紀初頭の折り畳み式観光絵葉書）、④中世ボローニャの摩天楼のようなスカイライン（20世紀初頭の観光絵葉書）、⑤コロラド州の隆起岩の集まる自然公園「神々の庭園」内にある「バベルの塔」という石柱（写真：flickr by samenstelling）、⑥ジョン・カンスタブル《ストーンヘンジ》（1820-35年、ロンドン・大英博物館蔵）

その姿からメンヒルを想起させる、現代版メンヒルというべき超高層ビルをいくつか挙げておく。ロンドンの「30セント・メリー・アクス（旧スイス再保険会社ビル）」（一八〇メートル、二〇〇四年）（図1-2③）は、その形と網目模様から豆キュウリ（ガーキン）に似ていると揶揄されるが、ノーマン・フォスターによる崇高な記念碑的デザインは、メンヒルに通じるものを感じさせる。ジャン・ヌーヴェルの設計したバルセロナにある水道会社ビル「トーレ・アグバール」（トーレはスペイン語で「塔」、一四四メートル、二〇〇五年）の外観も、スタンディング・ストーンを髣髴とさせる現代版メンヒルといえよう。丹下憲孝設計「モード学園コクーンタワー」（二〇三メートル、二〇〇八年）（図1-2④）は、その名にも示されるように、白い網目模様のデザインは「繭玉《コクーン》」を表し、服飾学校の建物の命名に生糸をつくる繭とはぴったりだが、湾曲した巨石が立ったような形状は、新宿に忽然と現れた巨大なメンヒルのようだ。

図1-2　①②ブルターニュ地方カルナックに集中するメンヒル（20世紀初頭の観光絵葉書）、③ロンドンの30セント・メリー・アクス（旧、スイス再保険会社ビル）（写真：flickr by Lauren Manning）、④東京・新宿のモード学園コクーンタワー（写真：flickr by Tina. Ivano）

バベルの塔——非現実世界の超高層タワー

バベルの塔は、伝説の超高層建築で、旧約聖書の『創世記』によれば古代都市バビロンにあった。実は「バベル」も「バビロン」も同じ地名をさし、バベルはヘブライ語で、バビロンはギリシャ語という違いだけで、アッカド語でバベルは「神の門」という意味である。バベルの「塔」とよばれていてもヘブライ語（ミグダル・バヴェル）やアラブ語（ブルジ・バビル）の「バベルの塔」なので、まだ英語のタワーの語源とは繋がっていない。もしバベルの塔が実在したとすれば、バビロンの都市神マルドゥクに捧げた神殿内に実在したジッグラト「エテメンアンキ」のことを指していたという説がある。ジッグラトとは、古代メソポタミア地域の聖塔、ひな壇型の神殿で、方形が段々に積まれてゆく形状で、語源はアッカド語の ziqqurat「高台に建てる」という意味である。

『創世記』によれば、バベルの塔が高く天に近づこうとしたことをよく思わなかった神が、最初は単一言語だったのを多言語にして、工事現場の人々の意思疎通を図れなくして建設を阻害したという。バベルの塔は倒壊のイメージと結び付いているが、『創世記』にはバベルの塔の倒壊については一言も書かれていない。しかし、バベルの塔が後世残っていない以上、倒壊したと考えられても無理はない。『創世記』ではバベルの塔の高さは示されず、曖昧に「その頂上は天空の中」と表現されているが、旧約聖書の外典『ヨベル書』には、バベルの塔の高さが書かれている。それはメートル換算でなんと約二四八四メートル、実現していれば当時はおろか、現在でも世界最高峰の建物だが、実現

図1-3 中世に描かれた低層のバベルの塔の一例（1180年頃、シチリア島モンレアーレ聖堂内部のモザイク画）（写真：Wikimedia）

できるはずもなく、伝説であることが証明されたわけである。

一方中世の聖書の写本などに描かれてきた「バベルの塔」は、小さな見張り塔のようで、人間が住める規模ではないように見える。中世の塔を模したような四角い塔か円柱の塔で、高さも二〜五階建て程度、せいぜい高さ一五メートルぐらいだろうか（図1-3）。タロットカードの絵札の一つに「塔」の札があるが、ここに描かれる塔も低めの塔だ。人間関係の崩壊や突然の事故などを表す凶札で、バベルの塔を模した崩れゆく塔が描かれるというが、木版印刷の普及する一六世紀になっても、タロットの「塔」の絵柄は、いまだ小規模な中世の塔である。

一五六三年頃、ピーテル・ブリューゲルが描いた《バベルの塔》（図1-4①）は革新的だった。今まで描かれてきた低い「バベルの塔」を一挙に高層化させたのだ。一六〜一七世紀のフランドルの風景画家たちは、ブリューゲルの「バベルの塔」を真似した。[5] 皆おしなべてブリューゲルと同じようなデザインで、段々に螺旋道路を介して細くなってゆく円錐状の形、まるで町が塔状になったような高層の巨大建築のバベルの塔を描いたのである（図1-4②）。

ブリューゲルは、一五五一年のイタリア旅行中に見たローマのコロッセオから、この高層の「バベルの塔」を着想したようだ。ローマのコロッセオは、各層にアーチが連なる四層構造で高さは四八メートル、一層の平均値は一二メートルとなる。ブリューゲルの各層のユニットは、アーチの連続するコロッセオとは異なり、天窓とアーチがワンセットとなって連続している。各層の高さは、人物の大きさから判断して一五〜二〇メートルぐらいだろうか。それが七〜八層に重なっていることから概算すれば、全長一五〇メートルぐらいの高さに達する建物となるだろう。

イエズス会司祭で博学者のアタナシウス・キルヒャー（一六〇一〜一六八〇）は、バベルの塔を研究し、挿絵版画入りの『バベルの塔』（一六七九年）を著した。[6]そこに描かれている「バベルの塔」は様々な形状の「バベルの塔」で、ブリューゲルのものによく似たものもあるが、古典主義的なデザインを発展させ、高層化させたものも描かれ[7]（図1-4③）、なかには地球の直径の四〜五倍の高さで月に到達している極端なバベルの塔の例もある（図1-4④）。

その一方ブリューゲルの描いたバベルの塔によく似た螺旋状のミナレットが実在している。ユネスコ世界遺産になっているイラクのサーマッラーにある「マルウィア・ミナレット」（五二メートル、八五二年）だ（図1-4⑤）。さらにこれに大変よく似た展望塔（三六メートル、一九八四年）が、沖縄熱帯ドリームセンター（日本設計）にあり、ミニ・バベルの塔を思わせる。ブリューゲルのバベルの塔との類似をしばしば指摘される現代建築といえば、ストラースブールにある欧州議会のルイーズ・ウェイス・ビル（一九九九年）で、フランスの設計集団アーキテクチャー・スタジオが、ローマのコロッセオを意識してデザインしたという。

バベルの塔は実在しなかったので、現実の超高層タワーに模倣されることは意外と少ない。史上初のSF映画『メトロポリス』（一九二七年）の中で「バベルの塔」が登場するが、ニューヨークの高層ビルをさらに巨大高層化させたようなデザインで、[8]監督のフリッツ・ラングが、一九二四年にバベルの塔も伝説のままである。

図1-4　①ピーテル・ブリューゲル《バベルの塔》（1563年、ウィーン美術史美術館蔵）、②ルーカス・ヴァン・ヴァルケンボルフ《バベルの塔》（1594年、ルーヴル美術館蔵）、③アタナシウス・キルヒャー《バベルの塔》（Athanasius Kircher, *Turris Babel*, Amsterdam, 1679より）、④アタナシウス・キルヒャー《バベルの塔》（Athanasius Kircher, *Turris Babel*, Amsterdam, 1679より）、⑤サーマッラーにある「マルウィア・ミナレット」（写真：Wikimedia by Izzedine）

ニューヨークの摩天楼を見て感銘を受け着想した。日本ではバブル期に、「東京バベルタワー」（一〇〇〇〇メートル、一九九二年）という巨大超々高層建造物の構想があった。バナナかパイナップルのようなオーガニックな曲線と形をトラス構造で組み立てたような外観で、バベルの塔の形とは全然似ていない。尾島俊雄が環境会議「地球サミット」で発表するために用意した計画案なので、エコロジーな低燃費をテーマに打ち出すためだったらしい。やはり現代版

古代世界の七不思議——高層建築デザインの発想の源泉

世にいう「古代世界の七不思議」とは、「古代に実在した驚異的な建築物七選」のことである。そのほとんどが古代の技術を駆使してできた「巨大建造物」か「高層建築」なので、これらは近現代の高層建築の発想源となることも少なくない。「七不思議」のラインナップは、古代ギリシャの数学者フィロンが選んだ六点（ギザのピラミッド、バビロンの空中庭園、マウソロス王の霊廟、オリンピアのゼウス像、エフェソスのアルテミス神殿、ロードス島の巨像）と、[9]ローマの博物学者プリニウスが選んだ「アレクサンドリアの大灯台」を合わせた計七つの建物である。

日本語で訳された「不思議」に相当する言葉はギリシャ語では「景観 θαύματα」、英語では「驚異 wonder」である。「不思議」という語感から、「七不思議」はオカルト的なものと誤解されがちだが、どれも文字どおり「驚異」の「景観」をつくった建物である。特に「ギザのピラミッド」と「バビロンの空中庭園」は、世界中の数々の超高層ビルやハイパービルディング（一〇〇〇メートル以上の建物）の発想源となり、現代の建築家たちもいまだに「古代の七不思議」を意識している。「古代の七不思議」の中で唯一現存し、飛びぬけて最も高層であるピラミッドについては、建築史上ことあるごとに高層・巨大建築の誕生と歩みをともにしてきている。ここでは「バビロンの空中庭園」から始めて、「古代の七不思議」と近現代の高層建築の関係について述べてゆく。

バビロンの空中庭園は、空中といっても空に浮かんでいるのではなく、五層の階段状テラスで積み重ねて高層（といってもバビロンの町を囲む城壁の高さの二二メートル程度）にした懸垂庭園である（図1-5①）。バビロニア王ネブカドネザルⅡ世が、紀元前六〇〇年頃に造営させた[10]が、彼はバビロンに、バベルの塔のモデルになった「大きくて高い建物」であるジッグラトもつくらせていた。実際に後世に作成されたバビロンの町の鳥瞰予想図には、「空中庭園」とともに町のシンボルとなる大きくて高い塔のような建物が描かれている。

　バビロンの空中庭園は、現代の日本にまで影響を及ぼし、とりわけその例はバブル景気時代のものに多い。例えば大阪の原広司設計による「梅田スカイビル」（一七三メートル、一九九三年）（図1-5②）の最上階には空中庭園展望台がある。地上一四階建ての段々状のビル「アクロス福岡」（一九九五年）（図1-5③）は、各階の屋根に植栽が施されていて、まさにバビロンの空中庭園を思い起こさせるデザインだ。実現しなかったが、竹中工務店は東京に「スカイシティー1000」（一九八九年）という高さ一〇〇〇メートルの超々高層ビル構想を打ち出した。六角形の平面プランをもつ深皿のようなワンユニットを一四層重ね、各ユニットは上へ行くに従って小さくなり、すべて重なると放物曲線のテーパーの付いた段々状のタワーに見えるデザインだ。それは総床面積八〇〇ヘクタール、もはや空中都市の規模だった。

「古代の七不思議」は、唯一現存するギザのピラミッドを除いて、一九世紀の発掘作業で考古学研究が進むまで正確な姿はわからなかった。それまでは古代の書物に記された情報と想像力を合わせて予想図を描くしかなかった。「古代の七不思議」は近代になって描かれるようになったが、特に有名な作者はルネッサンス時代のオランダの画家マールテン・ヘムスケルク（一四九八〜

一五七四）と、バロック時代のオーストリアの建築家フィッシャー・フォン・エアラッハ（一六九六〜一七二三）で、彼らの図版は、後世の建築家たちに影響を与えた。[11]

七不思議の一つ「ロードス島の巨像」は、ロードス島の港の桟橋に立った太陽神ヘリオスの巨像である。紀元前二六四年に完成し、像は青銅製で高さ約三二メートル、大理石の台座一五メートルも含めれば全長五〇メートル近くに達したが、紀元前二二六年の大地震で倒壊した。ヘムシュケルクもエアラッハも、港の入り口を足で跨いでいる躍動的なヘリオス像を（図1-5④）描いているが、後世の研究で判明した全長からするとそれは考えられず、像は普通に直立したものだった。

七不思議には、他にも二体の「巨像」が取り上げられている。「オリンピアのゼウス像」（約一二メートル）と「エフェソスのアルテミス像」（一五メートル）だが、この二つはあくまで彫刻作品で建物ではない。一方最も大きい「ロードス島の巨像」はモニュメンタルで、近現代に現れた「展望室付き巨像塔」の先駆といえるだろう。ロードス島の巨像は、世界で最初の展望室付き巨像塔である「アローナの聖ボロメオ像」より大きく、ニューヨークの自由の女神より小さいサイズだった。タワーの亜種ともいえる巨像塔のテーマについては後ほど章を改める（第三章参照）。

七不思議の一つ「マウソロス王の霊廟」（図1-5⑤）は、紀元前三五〇年にハリカルナッソス（現、トルコのボドルム）に建造され、あまりに巨大だったので、後世マウソロス王の名は、大規模な霊廟建築を意味する「マウソレウム」の語源になった。プリニウスによれば、マウソロス王の霊廟の高さは約四二メートルだ。二〇世紀初頭のアメリカでは、このマウソロス霊廟のモチーフが、高層ビルに応用され、ビルの上層部・屋根のデザインを、マウソロス霊廟に似せるのが流行したのだ。例を挙げてゆく。

建設当時はシンシナティの町一番で、世界でも五番目に高い建物として誕生したビル「PNCタワー」（一五〇メートル、一九一三年）（図1-5⑥）は、新古典主義様式で上層部がマウソロス王の霊廟にそっくりだ。ミネソタ州ミネアポリスの高層ビル「フォスヘイ・タワー」（一三六メートル、一九二九年）（図1-5⑦）も、アール・デコ様式で簡素化されているが、ここの屋根もマウソロス霊廟によく似ている。ロサンジェルス市庁舎の塔屋（一三八メートル、一九二八年）（図1-5⑧）の上層部もまた、マウソロス霊廟をモチーフとしている。これは当時のロサンジェルスで最も高い建物で、最も高い記録をつくろうとする建物のデザインが「古代の七不思議」に端を発するのは象徴的である。

マウソロス王の霊廟に似たビルの初期の例は、ニューヨーク・ウォール街一四番地の「バンカーズ・トラスト（銀行業者信託）ビル」（一六四・七メートル、一九一二年）（図1-5⑨）だが、当時のアメリカでは「ヴェネツィアのサン・マルコ広場の鐘楼」を模した高層ビルが流行っていたので（第二章参照）、このビルはサン・マルコの鐘楼とマウソロス霊廟の両方を混ぜたようなデザインである。マウソロス霊廟のデザインがアメリカの高層ビルに好まれた理由は、おそらくアメリカで成功した実業家や富裕層の間に浸透するフリーメイソン思想と関係があるようだ。同じ頃ワシントンで、古代ギリシャ・ローマ建築のモチーフを好んだ建築家ジョン・ラッセル・ポープ（一八七四～一九三七）が、マウソロス霊廟のレプリカのような「フリーメイソン会員のための神殿」（一九一五年）を設計したことは偶然ではないだろう。

図1-5　①バビロンの空中庭園（*Alt-und Neues Testament In eine Connexion Mit der Jüden und benachbarten Völcker Historie gebracht*, Dresden, 1726より）、②梅田スカイビル（写真：flickr by chris_harber）、③アクロス福岡（写真：flickr by mab-ken kenta mabuchi）、④ロードス島の巨像（1721年のフィッシャー・フォン・エアラッハによる版画より）、⑤マウソロス王の霊廟（1880年のシドニー・バークレーによる版画より）、⑥PNCタワー（写真：flickr by Briles Takes Pictures）、⑦フォスヘイ・タワー（1930年代の観光絵葉書）、⑧ロサンジェルス市庁舎（写真：flickr by Tina. Ivano）、⑨ニューヨーク・ウォール街の「バンカーズ・トラスト（銀行業者信託）ビル」（1912年の写真）

実は日本にもマウソロス王の霊廟によく似た建物がある。国会議事堂（第二章参照）の中心に聳える塔屋部分である。この国会議事堂の中央塔（六五メートル、一九三六年）は、建設時「日本一の高さ」を誇るようになったのも象徴的で、その記録はホテル・ニューオータニ（七三メートル、一九六四年）の完成まで保持されていた。

アレクサンドリアの大灯台
――ミナレットと鐘楼へ、ヒラルダの塔から高層ビルへ

七不思議の一つ「アレクサンドリアの大灯台」が、近代のタワーと高層建築に与えた影響は複雑で、その歴史も長い。紀元前三世紀、エジプトのファロス島の港に建ったこの大灯台の全長は約一三四メートル、建造当時は世界一高かった。[12] しかし七九六年の地震で大灯台は損傷し、一四世紀に起こった二回の大地震で完全に崩れ落ちてしまった。アレクサンドリアの大灯台は、大理石造の三層構造で、一層目は四角柱でビルのように細長く、その上に載せる二層目は八角柱、さにその上に載せた三層目の最上部は円柱形で層ごとに細くなってゆく。まるで二〇世紀初頭のニューヨークの高層ビルを先取りしたようなデザインだ（図1-6①）。しかしフィッシャー・フォン・エアラッハが一七二一年に描いた予想図（図1-6②）は、七層構造でバロック建築風の塔であった。

スペインのア・コルーニャ近郊にある「ヘラクレスの塔」（当初三四メートル、一八世紀末の改築後五五メートル）（図1-6③）は、古代ローマ時代の灯台であるが、長細い四角柱の上に八角柱、さ

らにその上に小さな八角柱を載せた三層構造で、アレクサンドリアの大灯台をモデルにしたという。さらにアレクサンドリアの大灯台は、灯台だけでなく、キリスト教会の鐘楼とイスラム寺院（モスク）のミナレットの形状にも影響を与えたといわれている。鐘楼は教会の建物と一体化して塔屋となっているタイプと、教会から離れて独立して建てられるタイプのどちらかとなるが、特に後者の場合は大灯台と同じく四角柱で、鐘楼は一九世紀半ばまでたいてい町で最も高い建物であり、教会権力の象徴でもある。ミナレットは、内部の螺旋階段で頂上に上ってモスクの礼拝時刻を知らせるための塔で、現代の高層ビルが登場するまでは、町一番の高層建築でイスラムの権力を象徴した。ミナレットの語源はアラビア語のマナーラ、「光の家」という意味で、英語で「灯台」もlighthouse（光の家）である。地方によって色々な形状があるが、広く知られるのは、イスタンブールのハギア・ソフィア大聖堂などでよくみられる先細った円錐と円柱が組み合わされたタイプだ。デリーにあるミナレット「クトゥブ・ミナール」（七二・五メートル、一一九二年）（図1-6④）も、アフガニスタンにある世界で二番目に高い「ジャームのミナレット」（六〇メートル、一二世紀末）も円錐柱タイプである。

ミナレットのもう一つの一般的な形状は四角柱タイプで、シリア、チュニジア、エジプトなどでよくみられる。[13] 一九九三年に建設されたカサブランカのフサンII世モスクには、世界最高峰のミナレット（二一〇メートル）が付いているが、これも四角柱形である。四角柱タイプのミナレットには、アレクサンドリアの大灯台のように四角柱をベースにして、上部にバリエーションをつけて段々細くする三層構造となっているものも少なくない。チュニジアのケルアンにある大モスクのミナレット（三一・五メートル、八三六年）や、アラブの支配下にあったスペインのセヴィリアに一二世紀末に建

図1-6　①アレクサンドリアの大灯台（1909年のティアシュによる予想図）、②アレクサンドリアの大灯台（1721年のエアラッハの版画より）、③スペインのア・コルーニャ近郊にある「ヘラクレスの塔」（写真：Wikimedia by Alessio Damato）、④デリーのミナレット「クトゥブ・ミナール」（写真：flickr by TravelerRohan）、⑤ヒラルダの塔の変遷（1910年のグイチョトによる立面図）、⑥ヒラルダの塔によく似た20世紀初頭のマディソン・スクエア・ガーデンのビル（20世紀初頭の観光絵葉書）、⑦シカゴのウィグリー・ビル（写真：Wikimedia by Daderot）

造されたモスクのミナレットが相当する。このセヴィリアのミナレットは、一六世紀にキリスト教の大聖堂の鐘楼に転用され「ヒラルダの塔」（九五・五メートル[14]）とよばれている（図1－6⑤）。

スペインのアラブ文化を紹介する本が一九世紀に相次いで出版されるようになり、アラブの美術や建築が欧米社会に影響をもたらすと、「ヒラルダの塔」のデザインから着想を得たような建物も、一九世紀末から一九二〇年代のアメリカに散見されるようになった。

図1-8　ムリリョ《聖ユスタと聖ルフィーナ》（1666年頃、セヴィリア美術館）

図1-7　グルジア・バトゥミにあるシェラトン・ホテル（写真：Wikimedia より）

高層ビルでは、ニューヨークの「マディソン・スクエア・ガーデン」（一〇四メートル、一八九〇年建設のもので現存せず）（図1-6⑥）や、シカゴの「ウィグリー・ビル」（一三〇メートル、一九二四年）（図1-6⑦）がそうである。現代建築では、グルジアの海浜リゾート地バトゥミにあるシェラトン・ホテルが、アレクサンドリアの大灯台を模したデザインとなっている（図1-7）。アレクサンドリアの大灯台も、ここから派生した四角柱タイプのミナレットのヒラルダの塔も、近現代の高層建築のモチーフとなっていて、ここでも「古代の七不思議」と高層建築は切っても切れない関係にあることがわかる。

「ヒラルダの塔」が広く知られるのにはもう一つの理由があった。一五〇四年のセヴィリアの大地震の際に、「ヒラルダの塔」に聖人の姉妹ユスタとルフィーナが現れて、塔の倒壊を救ったという伝説があり、これは一七世紀より格好の絵画の題材になったのだ。「ヒラルダの塔」のミニチュアを真ん中にもって立つ聖ユスタと聖ルフィーナの姿は、ムリリョ[15]、ゴヤ、スルバランといったスペインの当代一流の画家が描いている（図1-8）。ユスタとルフィーナは、三世紀後半にセヴィリアで生まれ育ち、陶器を売って生計を立てていた姉妹である。二人は信心深いキリスト教徒であったので、あるとき異教徒の祭事で使用する陶器の販売を拒んだことから、反感を買って処刑されてしまった。ユスタとルフィーナはキリスト教会から殉教者として聖人に列せられ、セヴィリア大聖堂の守護聖人となった。二人は一五〇四年のセヴィリア大地震から「ヒラルダの塔」の倒壊を救っただけでなく、一七五五年のリスボン大地震の被害を最小限に食い止めるのにも貢献したと信じられていて、リスボンのエレベーター塔「聖ジュスタ（ユスタ）のリフト」の名にも受け継がれている。「聖ジュスタのリフト」は奇しくもネオ・ゴシック様式で、教会の鐘楼のようなデザインだ（第四章参照）。

ギザのピラミッド——世界で最も高い建築の象徴

「七不思議」に挙げられた「ギザのピラミッド」とは、紀元前二五四〇年頃、エジプトのギザに建ったクフ王のピラミッド（当時は一四六・五九メートル、現在は一三八・七四メートルの高さ）である。このピラミッドは、一四世紀にリンカーン大聖堂の中央塔が建てられるまで世界で最も高い建築物で、特にエッフェル塔の登場までは、高層建築を語る上で必ず比較の対象にされてきた（第四章参照)。ギザのピラミッドができるまでは、クフ王の父スネフェル王が建てた「赤いピラミッド」(一〇四メートル)が世界一高かった。その前までは、傾斜角度が二段階になっている「屈折ピラミッド」(一〇一メートル)、次にカイロにある「メイドゥーム」(九三・五メートル)という段のついたピラミッド、階段状の「ジェゼル王のピラミッド」(六二メートル)という具合に、古代の高層建築の代表格はみなピラミッドだった(図1-9①)。

図1-9　①エジプトのピラミッド群(1721年のエアラッハの版画より)、②ブーレー「ピラミッド型の巨大墳墓計画案」(1786年)

ピラミッドは高いだけでなく、シンプルで均整のとれた美しいフォルムを特徴とし、その秘密は、長さと高さの比が黄金比になっていることによる。古代建築の比率を重んじ、静謐な新古典主義芸術がもてはやされた一八世紀には、多くの建築家がピラミッドに注目していた。そして彼らにとってピラミッドはさらに巨大化すべきものだった。フランス革命期の建築家エティエンヌ・ルイ・ブーレー(一七二八～一七九九)によるピラミッド型の巨大墳墓計画案(図1-9②)、クロード・ニコラ・ルドゥー(一七三六～一八〇六)の「大砲鋳造工場の計画案」では敷地の四隅に置かれた煙突がピラミッドの形をしている。[16] 巨大建築についてルドゥーは自著で「ピラミッド状をなさ」ねばならぬとまで述べている。[17]

フランスの画家ユベール・ロベール(一七三三～一八〇八)は、「廃墟のロベール」よばれるほど、廃墟のある架空の風景画《カプリッチョ》を得意としていたが、その一枚《カイウス・ケスティウスのピラミッドのファンタジーな風景》（一七六〇年頃、アンジェール美術館蔵）では、人物の大きさから判断して、一五〇メートルは超えていそうな高さの巨大ピラミッドが登場する。そのピラミッドの横に描かれたオベリスクも、八〇メートルほどありそうで、当時の人工建造物では考えられないほどの高層オベリスクである（図1-10①）。ユベール・ロベールは、《古典的廃墟》（一七九八年、モントリオール美術館蔵）という油彩でも、半分に折れた半片のオベリスクを横たわらせて、非現実的なほど巨大なオベリスクを描いている（図1-10②）。

一八世紀後半におけるフランスの巨大建築趣味は、一七八一年、フランスのシャンブルシーにできた四〇ヘクタールの英国式庭園「レスの荒野」にもみてとれる。「レスの荒野」には「壊れた柱」（フランソワ・バルビエ設計）とよばれる家があるが、この家は、廃墟となった巨大なドーリス柱が折れて、根元部分だけが残ったかのように見せた奇抜なデザインである（図1-10③）。直径一五メートル、高さは二五メートルあり、地上四階と地下二階は中心の螺旋階段で繋がっている。もしこの「柱が折れていなければ」、ゆうに一〇〇メートルを超えるドーリス柱を想定しているので、[18] 架空の超高層な「円柱塔」が思い浮かぶ。ルドゥーやブーレーといった革命期のユートピア的古典主義建築家が巨大建築を好んだように、それは時代の潮流だった。しかしあまりに巨大なピラミッドは当時の建築技術では不可能だったので、その代わりに小さいピラミッドが、点景物《フォリー》として各地の庭園に置かれるようになった。「レスの荒野」にはピラミッドの形をした氷蔵庫も、オベリスク（現存せず）もつくられ、庭を飾った。ディメンジョンが狂ったかのように巨大な「壊れた柱」の家に、小さなピラミッドやオベリスクの混在する「レスの荒野」は、ユベール・ロベールの描くカプリッチョを具現化したような庭園なのである。

現代においてもピラミッドは、巨大建築や超高層建築のインスピレーションの源となっている。形状を真似た現代版ピラミッド建築は大小数々あるが、ここではタワーのように超高層かつ最高峰に挑んだ例を挙げる。鋭角のピラミッドのようなサンフランシスコの超高層ビル「トランスアメリカ・ピラミッド」（二六〇メートル、一九七二年）（図1-11①）、平壌の「柳京ホテル」（三三〇メート

図1-10　①ロベール《カイウス・ケスティウスのピラミッドのファンタジーな風景》（1760年頃、アンジェール美術館蔵）、②ロベール《古典的廃墟》（1798年、モントリオール美術館蔵）、③フランソワ・バルビエ「壊れた柱」（レスの荒野）

図1-11　①サンフランシスコの高層ビル「トランスアメリカ・ピラミッド」（写真：flickr by Michael248）、②建設中断時の柳京ホテル（写真：flickr by（stephan）、③ザ・シャード（ロンドン・ブリッジ・タワー）（写真：Wikimedia by Bjmullan）

ル、一九八七〜二〇一二年）（図1-11②）、細長いガラスのピラミッドのようなロンドンのレンゾ・ピアノ設計「ザ・シャード（別名ロンドン・ブリッジ・タワー）」（三〇四メートル、二〇一三年）はEU諸国内で今も最高峰の建物となっている（図1-11③）。鋭角のピラミッドのようなノーマン・フォスター設計のモスクワ国際ビジネスセンターの「ロシア・タワー」（六一二メートル、二〇〇七〜二〇一二年建設予定だったが計画頓挫）は、実現すればロシア一の高層建築になるはずだった。そして日本にも「清水TRY2004メガシティ・ピラミッド」（高さは諸説あり）という幻のプロジェクトがあった。これは高層ビルではなく、東京湾上に浮かぶ「ギザのピラミッド」の形を巨大化させたトラス構造の骨組みの内部に、交通網を走らせ、トラス構造のピラミッドの中には高層ビル群が建てられるという都市計画である。鋼鉄よりも強度のある新素材カーボンナノチューブを使用し、強風、地震、津波の被害の対策も考慮された現代のユートピアだった。

オベリスクとローマ皇帝の記念柱

エジプトを代表する高層建築の象徴はピラミッドだけではない。オベリスクもそうだ。むしろオベリクのほうがスレンダーで塔のイメージに近いだろう。オベリクも欧米の高層建築のモデルや比較対象として、一九世紀までは必ず念頭に置かれてきた。

オベリスクという語は、その正方形断面の形状が頂上に行くに従って「串」のように細くなり、正四角錐を頂点にするため、串を意味するギリシャ語のオベリスコスに由来している。太陽信仰のためにつくられたもので、太陽神と同等にあるべく王の権力をも表現した。古代ローマ時代、エジプトのオベリスクがローマ軍に略奪され、バロック時代には主要な広場の中心に置かれてローマの町を美しく飾った。つまりローマにある一三本のオベリスクはローマ帝国崩壊後、カトリック教会のトップ、法王庁の権力の象徴でもあった。もちろんヴァチカンのサン・ピエトロ大聖堂前の広場にもオベリスク（台座も頂上の十字架も含めて約四〇メートル）が置かれているが、世界で最も高い古代のオベリスクは、サン・ジョヴァンニ・イン・ラテラーノ教会のある広場に聳える全長四五メートルのものである（図1-12①）。

一八世紀になるとヨーロッパ各地にオベリスクのレプリカがつくられるようになり、前節で触れたように、貴族の広大な庭を飾る点景にも用いられたが、やがて国家威信の象徴として利用されるようになった。一七八三年六月四日、フランスでは、モンゴルフィエ兄弟が熱気球を発明し、世界初の有人飛行に成功した。これが行われた町アノネーには、天空へ上ることに成功したモンゴルフィエ兄弟に捧げた「オベリスク形」の記念碑が建った。オベリスクは高所を象徴しかつ国家の偉業を称えるのに、まさに格好の形であったからだろう（図1-12②）。

オベリスクは欧米列強の愛国モニュメントにもなった。一九世紀のパリ、ロンドン、ニューヨークには、エジプトから本物のオベリスクが運ばれ、それぞれの都市の重要な場所に置かれた。これらはすべて同じ長さ（二一メートル）で、通称「クレオパトラの針」とよばれている。ただし三本の中で最も早く、一八二六年、パリのコンコルド広場に置かれたオベリスクは、ルクソール神殿前にあったものだったので「ルクソールのオベリスク」ともよばれている（図1-12③）。ロンドンの「クレオパトラの針」は、一八七八年にウェストミンスターのヴィクトリア堤防に建てられ、ニューヨークのものは、一八八一年にセントラルパーク内に置かれた。

一九世紀のアメリカではオベリスクが「新築」され、それらは古代のオベリスクよりもずっと高く、常に愛国的な記念碑の役を担うものだった。最初の巨大オベリスクは、独立戦争の「バンカーヒルの戦い」を記念し、ボストンに建設された「バンカーヒル・モニュメント」（六七メートル、一八二八〜四二年）（図1-12④）で、中には階段があり頂上まで上れるようになっている。そして今も世界最大のオベリスクは、初代大統領を記念する「ワシントン・モニュメント」（一七三メートル、一八八五年）（図1-12⑤）で、建設時は世界最高峰を記録していたが、すぐさまエッフェル塔に超されてしまった。オーティス社製エレベーターで最上階へ上がれて、小さな窓からワシントンの町を展望できるようになっている。これらのオベリスクは大なり小なりどれも、少なくともエッフェル塔建設以前までは、高層建築の象徴だった。その証拠に「クレオパトラの針」も、「バンカーヒル記念碑」も、「ワシントン記念碑」も高層建築の高さ比べのダイアグラムの比較対象としてしばしば引き合いに出されていた（第三章参照）。

　古代のオベリスクは岩の塊なので高さに限界があり、展望台の役割はなく、近

図1-12　①ローマのサン・ジョヴァンニ・イン・ラテラーノ広場にある最も高い古代のオベリスク（写真：flickr by Simone Ramella）、②アノネーにあるオベリスク形のモンゴルフィエ兄弟の記念碑（20世紀初頭の観光絵葉書）、③パリのコンコルド広場にあるオベリスク「クレオパトラの針」（写真：flickr by Dave Hamster）、④バンカーヒル・モニュメント（20世紀初頭の観光絵葉書）、⑤世界最長の近代のオベリスク、ワシントン・モニュメント（20世紀初頭の観光絵葉書）

代のものは階段かエレベーターで最上部に上がれても、窓が小さくて開放的な展望は望めない。一方、石造建築である「古代ローマ皇帝の記念柱」は、内階段から登る頂上の展望台から、町のパノラマを楽しむことができた。つまり「古代ローマ皇帝の記念柱」もオベリスクと同様、国家の権力・愛国の象徴となった代表的な当時の高層モニュメントである。それゆえ、一九世紀から二〇世紀にかけ、ローマ皇帝の記念柱を模したデザインの記念柱が欧米各都市に相次いで建設され、ナショナリズムの高揚のための一装置と化していた。

後世数々の記念柱のモデルのもととなったのは、ローマの「トラヤヌス帝の記念柱」(三〇メートル、一一三年)(図1-13①)だ。トラヤヌス帝のダキア戦争の勝利を記念した大理石でできた円柱型のモニュメントで、内部を螺旋階段で上がれ、頂上にはトラヤヌス帝のブロンズ全身像が置かれた。しかしカトリック教会の権力が強くなると、一五八七年、ローマ法王シクストゥスV世によって皇帝の像は、聖人サン・ピエトロの像に置き換えられ今に至っている。古代ローマ時代には、この記念柱を模して「マルクス・アウレリウス・アントニヌス帝の記念柱」(四一メートル、一九三年)もつくられた。こちらも頂上の皇帝像が後に聖人パウロ像に差し替えられたが、どちらも上部にバルコニーが置かれ、ローマが一望できる展望塔として、一九世紀までは観光客に開放されていた。内部階段の壁には、当時の訪問者の名前や年を刻んだ落書きも残っているが、現在は文化財保護課に許可を取らねば上れない。

「トラヤヌス帝の記念柱」をモデルにしたもので、世界で最も高いのは「ロンドン大火記念柱」(六二メートル、一六七七年)である。一六六六年のロンドン大火の起こった場所に、大火後のロンドンの主要な建物の再建を請け負った建築家クリストファー・レン（第三章参照）の設計で建設され、内部の螺旋階段で頂上の展望台まで上れるようになっている。

ローマ皇帝になぞらえたナポレオンの記念柱が、「トラヤヌス帝の記念柱」をモデルにするのは自然の成り行きだった。最初の「ナポレオン記念柱」（五〇メートル、一八〇四〜一三年）は、ナポレオン軍集結の地ブローニュ＝シュール＝メールにでき（図1-13②）、パリのヴァンドーム広場の中心にも、ローマのトラヤヌス帝の記念柱を真似たブロンズ製の円柱「ヴァンドーム記念柱」（四四メートル、一八一〇年）（図1-13③）が置かれた。柱の頂きにはカエサルに扮したナポレオン像（一八六三年）が載せられ、一九世紀は観光名所として上ることができた。

バルティモアにある「ワシントン記念柱」（五四メートル、一八一五〜二九年）（図1-13④）もローマの記念柱をモデルにしたもので、その設計者が先に触れたオベリスク型の「ワシントン・モニュメント」と同じロバート・ミルズ（一七八一〜一八五五）というのは、どちらも同じ思想の上に成り立っていることを表しているだろう。

トラヤヌス帝の記念柱をモデルにしたものは、他にもサンクトペテルブルクにあるロシアのナポレオン軍に対する勝利を記念した「アレクサンドルの円柱」（四七メートル、一八三四年）、ベルギーのブリュッセルにある国家憲法制定を記念した「議会記念柱」（四七メートル、一八五九年）、オレゴン州アストリアのグレート・ノーザン鉄道と富豪ジョン・ジェイコブ・アスターが出資した展望塔「アストリア柱」（三八メートル、一九二六年）（図1-13⑤）などがある。

実現しなかったが、一八八六年に公募されたパリ万博のための三〇〇メートル塔の設計競技（エッフェル塔が入選した）の際、建築家ジュール・ブルデ（一八三五〜一九一五）は、装飾はアラブ風オリエンタリズムだが、遠目から見るとトラヤヌス帝の記念柱に似た「太陽の塔」という約三〇〇メートルの石造の円柱タワーを提案した。それを高さ六六メートルの台座に載せるので、合計の高さはおよそ三七〇メートルとなり、エッフェル塔よりずっと高かった。「太陽の塔」という名前は、夜は地上

図1-13　①ローマの「トラヤヌス帝の記念柱」（20世紀初頭の観光絵葉書）、②ブローニュ＝シュール＝メールの「ナポレオン記念柱」（写真：Wikimedia by Marc Ryckaert (MJJR)）、③頂上にナポレオン像が載ったパリのヴァンドーム記念柱（写真：Wikimedia by Mbzt）、④バルティモアの「ワシントン記念柱」（1860年の版画より）、⑤アストリア柱（写真：flickr by mark. hogan）

からの電光を頂上においた反射鏡によって、太陽のごとく塔の頂点から光が降り注ぐというコンセプトからであった。[19]

パゴダ――ピクチャレスクな庭園のフォリーから超高層ビルへ

パゴダとは、層になって積み上がった「高層の仏塔」の西洋人側からの総称で、日本の五重塔や中国の層状の仏塔もすべてパゴダとよばれている。一方日本ではパゴダといえば、インドやミャンマーにあるような土饅頭の先の尖った仏塔を指すが、西洋人はストゥーパとよんでいる。サンスクリット語のストゥーパを漢字で書いたのが卒塔婆であり、仏塔も卒塔婆もストゥーパも仏舎利（釈迦仏の遺骨か経文）を収める建物なのでどれも機能は同じだが、ストゥーパは日本ではもっぱら「仏舎利塔」ともよばれ、卒塔婆といえばお墓に立てる細長い木の板のことも指す。

卒塔婆《ストゥーパ》は日本語の「塔」の語源となり、日本の仏塔はどれも奇数積みで三重塔から十三重塔まであるが、最も調和がとれ、全国各地に数多く建てられた五重塔は、近代まで日本の高層建築の象徴だった。現存する木造で最も高い五重塔は京都の東寺のもの（五四・八メートル、一六四四年）で、鉄筋コンクリート造では、福井県勝山にある清大寺のエレベーター付きの五重塔（七五メートル、一九八七年）が日本一の高さである。木造の五重塔には、必ず心柱という構造の中核になる一本の柱が真ん中に置かれているが、心柱は東京スカイツリーの構造に応用されるほど、五重塔は現在でも高層タワーの構造やデザインに影響を及ぼしている。五重塔を髣髴とさせるデザインのコンクリート製タワーには、一九六四年の東京オリンピックの第二会場だった駒沢公園内の「オリンピック記念碑」（約五〇メートル、一九六四年）（図1-14①）が挙げられる。実用的な管制塔でありながらもシンボルタワーとして建設され、駒沢体育館の設計者と同じ芦原義信（一九一八〜二〇〇三）による和を感じさせる美しいデザインである。

一方西洋人にとっては何よりも中国の仏塔「パゴダ」こそ、東洋の高層建築の象徴だった。パゴダは、一六世紀のポルトガル語の pagode であるが、語源には諸説ある。ペルシャ語の「神像の家 butkada」、タミル語の「神に属する家 pagavati」、中国語の「八角塔 bā jiǎo tǎ」など他にもあるが、形状ではたしかに中国のパゴダは八角塔、八角柱を層状にした多層塔である。なぜなら8は中国で最も縁起のよい数字だからである。今まで「古代の七不思議」を取り上げて近代の高層タワーとの繫がりを見てきたが、ルネッサンス以降、選定者は不明ながら「中世の七不思議」という「中世世界の驚異的な建築七選」も登場し、ここにもいくつか象徴的な高層建築が含まれるが、その一つは中国のパゴダ「南京の陶塔」である。「中世の七不思議」に選ばれた建物で、近現代の高層建築の発想源になりうる建物には、「ストーンヘンジ」（代表的なメンヒル）、「ローマのコロッセオ」（ブリューゲルの「バベルの塔」のモデル）、「ピサの斜塔」「イスタンブールのハギア・ソフィア大聖堂」（ミナレットが付いている）があり、「南京の陶塔」は、これらとともに選ばれるほど、西洋人にとって衝撃的な高層建築だった。

「南京の陶塔」は八角形の平面をもち、高さは七九メートル。一五世紀の明朝時代、白い陶磁器製の煉瓦で建てられていたが、一九世紀に起こった太平天国の乱で破壊された。現存する最も高い八角塔《パゴダ》は、保定市の料敵塔（現、定州開元寺塔、八四メートル、一〇五五年）だが、近年、世界で最も高い木造建築となった天寧宝塔（一五四メートル、二〇〇七年）という超高層八角塔《パゴダ》が、常州市に建設されている。そして現代の最先端をゆく超高層ビルにも、パゴダのデザインが受け継がれている。シカゴの超高層ビルを専門にする設計会社ＳＯＭ（スキッドモア・オーウィングズ＆メリル）は、上海の「ジンマオ・タワー」（四二〇メートル、一九九八年）（図1-14②）を設計する際、中国のパゴダを意識し、デザインのモジュールや構造など、随所に8を盛り込んだ。建設時は世界最高峰だった台北の超高層ビル「台北１０１」（五〇九・二メートル、二〇〇四年）（図1-14③）も現代版パゴダといえるだろう。李祖原による設計で、竹のように節で区切られているアジアンテイストな意匠である。

中国のパゴダが西洋に知れわたるきっかけとなったのは、一六六五年、オランダ人のヨハン・ニューホフ（一六一八～一六七二）が書いた中国旅行記だった[20]。この本は評判よく何度も版を重ね、ドイツ語、フランス語、英語、ラテン語にも訳された。そこには「南京の陶塔」の挿絵もあることから（図1-14④）、パゴダが人々の関心を引き、シノワズリー（中国趣味）を起こさせる嚆矢となったのだ。建築家フィッシャー・フォン・エアラッハも、ニューホフの本の版画を参照にし、版画集『ある歴史的建築の設計』（一七二一年）の中で「南京の陶塔」も取り上げている。こうして建築家の間でも「南京の陶塔」の知名度が上がり、建築家ウィリアム・チェインバーズ（一七二三～一七九六）は、一七四〇～四九年、実際に現地まで赴いて中国の建築を調査し、図面集を出版[21]、ロンドンの王立植物園キューガーデンには、彼が設計した一〇層の中国風パゴダ（五〇メートル、一七六一年）が建設された（図1-14⑤）。

ヨーロッパの庭園には、パゴダがつくられるようになり、フランスには、ルイ=ドニ・ル・カミュ（生没年不詳）設計の「シャトー・ド・シャントローのパゴダ」（四四メートル、一七七五〜七八年）がある。新古典主義様式の多層塔だが、中国パゴダの流行があってこそつくられたものだ。ドイツの庭園ではザクセン地方のオラーニエンバウムに、ゲオルク・クリストフ・ヘーゼキール（一七三二〜一八一八）設計の五層の中国風パゴダ（一七九七年）（図1-14⑥）がある。

このように一八世紀後半のヨーロッパでは、シノワズリーの流行とともに中国風パゴダが、庭を飾る点景として流行するようになった。一七七〇年代、フランスのジョルジュ=ルイ・ル・ルージュ（一七九七〜一七九〇）は、ヨーロッパにつくられたシノワズリー庭園の数々を版画で紹介、ドイツではヨハン・ゴットフリート・グローマン（一七六三〜一八〇五）とジャン=シャルル・クラフト（一七六四〜一八三二）がシノワズリー造園術についての本を書いている。[22]

その頃、イギリスでは風景式庭園《ランドスケープ・ガーデン》が流行していた。絵のように美しい自然の景観を模した庭園であるが、随所に点景物となる風情ある小規模な建造物が配される。一八世紀は古代美術の人気が高かったので、ローマ神殿や遺跡のレプリカがその定番であったが、シノワズリーの流行によって、中国風パゴダも置かれるようになった。こういった庭園を装飾する小型の建造物を「フォリーfolly」というが、語源は中世のフランス語で狂気を意味するfolieから来ている。つまり点景に使うだけで人の住む実用目的でなく、酔狂な建物ということからフォリーとよばれたのである。中国風パゴダのフォリーの流行によって、次第に塔《タワー》も注目されるようになり、塔のフォリーのバリエーションが広がった。つまり中世・ゴシック様式の塔や、アラブ風の塔などもフォリーとなったのだ。フォリーの塔はあくまで風情を楽しむものなので、高くすることよりも、周囲の景観といかに上手く調和するかが重視されるが、たいていは周辺の景色も眺められるよう、展望塔にもなっている。

年代順に例をいくつか挙げると、バーミンガムの「パロットのフォリー」という中世風の塔（二九メートル、一七五八年）、ブリューナムにある城の要塞塔のような「アルフレッド王の塔」（四九メー

図1-14　①東京・駒沢公園のオリンピック記念碑（写真：flickr by hirosakurai）、②ジンマオ・タワー（写真：Wikimedia by Mätes II.）、③台北101（写真：flickr by daymin）、④南京の陶塔（1665年のニューホフの版画より）、⑤キューガーデンのパゴダ（写真：flickr by elias_daniel）、⑥オラーニエンバウムのパゴダ（写真：flickr by Marcus Meissne）

トル、一七六九〜七二年）（図1-15①）、コッツウォルズ地方ブロードウェイには、ジェイムズ・ワイアット設計の中世風の「ブロードウェイ・タワー」（一七メートル、一七九四年）（図1-15②）、ノーザンバランドにはネオ・ゴシック様式の「ブリズリー・タワー」（二六メートル、一七八一年）、ハンプシャーの「スウェイ・タワー」（六六メートル、一八八五年）、ピーク地方バクストンにある「ソロモンの神殿」とよばれる塔（六・一メートル、一八九〇年頃）などがある。ハリファックスにある「ウェインハウス・タワー」（八四メートル、一八七五年）にいたっては、工場の煙突を模した奇妙な展望塔で、これは世界で最も高いフォリーである（図1-15③）。一九世紀、特に人気があったフォリーのモチーフは、まさに塔であり、立地は庭園内のほか丘の高台も多く、施主は地元の資産家であった。このように塔が自然風景に溶け込む点景として愛されていた時代、イギリスでは文学作品にも塔がタイトルに現れた。ロバート・ブラウニングの詩『ダーク・タワーに来たチャイルド・ローランド』（一八五五年）と、トマス・ハーディの小説『塔の二人』（一八八二年）である。[23] 詩人ウィリアム・バトラー・イェイツに至っては、アイルランドのクールパーク近郊にある一四世紀の塔を買い、ここで書いた詩をまとめ、詩集『塔』（一九二八年）を出版している。

フォリーでは、これらの塔に流行が移ってパゴダが廃れても、パゴダは依然として高層建造物の象徴で、高架橋の橋柱のデザインに登用した土木エンジニアがいた。イギリスのマーク・イサムバード・ブラネル（一七六九〜一八四九）は、一八二九年、ブリストル近郊のエイヴォン川に架ける「クリフトン橋」に、約九一メートルの高さのパゴダ型の橋柱を、川の真ん中に置く提案をしている。[24] しかし実現したのは一八六四年、世界的に著名な土木エンジニアとなった息子イサムバード・キングダム・ブラネル（一八〇六〜一八五九）の設計したサスペンション・ブリッジであった。川の水面から七五メートル高の位置に架けられ、スパンは二一四メートルという驚異的な長さで、土木技術の粋を凝らした設計は、見事に川の中心に置く橋柱を不要にすることを可能にしたのだった。

一九世紀後半にはようやく日本のパゴダ「五重塔」がヨーロッパに紹介されるようになった。一九〇〇年のパリ万博でのパノラマ館（第四章参照）が世界旅行をテーマにしていたため、その建物外観は、様々な東洋の塔を組み合わせたもので、日本の五重塔も含まれていた。設計者はオリエンタリズム建築を得意としたフランスの建築家アレクサンドル・マルセル（一八六〇〜一九二八）で、このパノラマ館に付随していた日本の五重塔を気に入ったベルギー王レオポルドII世は、設計図を購入し、一九〇四年、同じ五重塔をブリュッセルに建設させた。これは現在も極東博物館となって保存されている。すでに当時、ヨーロッパにはエッフェル塔がありアメリカには高層ビルの摩天楼があったので、日本の五重塔は高層建築の象徴ではなく、異文化のもの、あるいは奇抜なものという認識だった。しかし一九〇四年、ニューヨーク近郊にあるコニー・アイランド遊園地には、日本の五重塔を備えた外観をもったティールームの建物（図1-15④）があり、その入口に「飛行船 Air Ship」と描かれているのは象徴的である。五重塔の高さは、とうていニューヨークの摩天楼にかなわなくとも、それは飛行船と同じように天空への繋がりを連想させていたことに他ならない。

図1-15　①アルフレッド王の塔（写真：Wikimedia by Mike Searle）、②ブロードウェイ・タワー（写真：Wikimedia by Saffron Blaze）、③ウェインハウス・タワー（写真：flickr by Neil T）、④コニー・アイランド遊園地の五重塔付きティールーム「飛行船 Air Ship」（20世紀初頭の写真）

1　Finelli, Angelo, *Bologna ai tempi che soggiornò Dante*, Bologna, 1929.

2　ユタ州にあるアーチーズ国立公園にも「バベルの塔」や「コートハウス・タワーズ」と命名された砂岩の高い石柱群がある。

3　ここは一九〇六年にアメリカで初めてナショナル・モニュメントの指定を受けた自然遺産である。

4　Jones, Inigo, *The most notable antiquity of Great Britain, vulgarly called Stone-Heng on Salisbury plain*, London, 1655.

5　ハンス・ボル（一五三四～一五九三）、トビアス・ヴェルハーフト（一五六一～一六三一）、ヨース・デ・モンペル（一五六四～一六三五）、アーベル・グリンマー（一五七〇～一六一九）、ルイ・ド・コルリー（一五八〇頃～一六二二）、ヤン・ブリューゲル小（一六〇一～一六七八）など。特にヘンリク・ヴァン・クレーヴェ（一五二五～一五八九）とルーカス・ヴァン・ヴァルケンボルフ（一五三五～一五九七）は、「バベルの塔」を何枚も描いている画家である。マルテン・ヴァン・ヴァルケンボルフ（一五三五～一六一二）は、ブリューゲル型円錐状だけでなく、角錐状の「バベルの塔」も描き変化を試みていた。

6　Kircher, Athanasius, *Turris Babel sive Archontologia qua primo priscorum post diluvium hominum vita, mores rerumque gestarum magnitudo, secundo Turris fabrica civitatumque extructio, confusio linguarum ...* Amsterdam, 1679.

7　スイスの自然科学者ヨハン・ヤーコプ・ショイヒツァー（一六七二～一七三三）の『神聖自然学』（一七三五年）の挿絵に採用された「バベルの塔」も、新古典主義的な円柱状での塔である。

8　舞台美術デザインは、エーリッヒ・ケッテルフート（一八九三～一九七九）による。

9　フィロンが選んだ七点目は「アレクサンドリアの大灯台」でなく「バビロンの城壁」だった。

10　伝説上はアッシリアの女王セミラミスがつくらせたともいわれ、ロッシーニのオペラ『セミラーミデ』などの題材となった。また「空中庭園」はバビロニアではなく、ニネヴェにある庭園という説もある。

11　エアラッハの『ある歴史的建築の設計』（一七二一年）には、ヘムシュケルクの影響下にある「世界の七不思議」の景観図が収められた。Fiscer von Erlach, Johann Bernhard, *Entwurff Einer Historischen Architectur,* Wien, 1721.

12　世界で最も高い灯台の記録をつくっていたのは、十角形の鉄塔、「横浜マリンタワー」（一〇六メートル、一九六一年）である。一九五九年の横浜港開港百周年記念事業で建った展望塔だが、二〇〇八年より灯台の機能は停止されている。

13　一方イエメンのタリムにあるムダール・モスクのミナレット（四六メートル、一九一四年）は、四角錐のような傾斜がついており、ヨーロッパの近代建築の影響を受けた様子が伺える。

14　モスク建設時の一一九八年のときは七五メートル。一九一〇年、民俗学者アレハンドロ・グイチョト（一八五九～一九四一）は、三世代にわたって異なるヒラルダの塔の外観の変遷を図解した。

15　ムリリョが一六六六年頃描いた《聖ユスタと聖ルフィーナ》は、東京の国立西洋美術館とセヴィリア美術館が収蔵している。

16　Ledoux, Claude Nicolas. *L'Architecture considérée sous le rapport de l'art, des mœurs et de la législation,* Paris, 1804, pp.234-241.

17　エミール・カウフマン（白井秀和訳）『ルドゥーからル・コルビュジエまで—自律的建築の起源と展開』中央公論美術出版、一九九二年、四八頁。Ledoux, Claude Nicolas. *op. cit.,* 1804, p.135.

18　「柱礎から約五分の一のところで崩れ落ちた」（三宅理一『エピキュリアンたちの首都』学芸書林、一九八九年、二二四頁）柱を想定したので、単純計算では一二五メートルに及ぶ巨大なドーリス柱となる。

19 ライティングはエッフェル塔でも熟考され、頂上にサーチライトを載せて地上に光線を出していた。『東京スカイツリー完成記念特別展～都市と塔のものがたり～ザ・タワー』江戸東京博物館、二〇一二年、四二～四三頁。

20 Nieuhof, Joan, *Het Gezandtschap der Neêrlandtsche Oost-Indische Compagnie*, Amsterdam, 1665.

21 Chambers, William, *Designs of Chinese buildings, furniture, dresses, machines, and utensils: to which is annexed a description of their temples, houses, gardens, &c*, London, 1757.

22 シュテファン・コッペルカム（池内紀・浅井健二郎・内村博信・秋葉篤志訳）『幻想のオリエント』鹿島出版会、一九九一年、二〇頁。

23 「二人」は恋に墜ちた男女、人妻と一〇歳年下の天文学者の恋物語。

24 近年オークション・ハウスのTooveyʼsがブラネルの遺族から図面を購入し転売した。

第二章 尖塔・鐘楼・時計塔・タワーの付いた公共建築

ゴシック聖堂の尖塔で競った高さ世界一

何世紀にもわたり世界で最も高かった「ギザのピラミッド」を越したのは、ゴシック教会の尖塔だった。それは一一世紀に建設の始まったイギリスのリンカーン大聖堂に、「尖塔」が付いて一六〇メートルの高さに到達した一四世紀のことだった。

ゴシック様式教会建築では、神の創った自然である植物に敬意を払い、木が垂直に成長するごとく、尖塔が空高く伸びてゆく。内部は木が密生する森のようで、天井のリブヴォールトはまるで広がった木の枝だ。最も高層となる部位は、鐘楼などの屋根部分に置かれた尖塔である。その形状は、文字通り先の尖った塔のようだが、尖塔は英語でスパイアーspire、その語源は古英語で「草の茎」

を意味し、イタリア語とラテン語の動詞「spirare 息吹く、そよ風が吹く」とも関係する言葉である。[25] しかしリンカーン大聖堂の尖塔は、一五四九年、嵐で倒れてしまった。当時は尖塔が嵐や雷で損傷するのは、よくあることで、直すことはなかった。[26] やがて世界一高い尖塔は、エストニアのタリンにある聖オラフ教会（一五一九年の完成時一五九メートル、現在一二三・七メートル）に取って代わられたが、この尖塔も一六二五年に雷に打たれて落ちてしまった。その次に世界一の高さとなったのは、ドイツのシュトラールズントにある聖マリーエン教会（当時一五一メートル、現在一〇四メートル）尖塔だったが、ここも一六四七年に雷で折れた。代わってフランスのストラースブール大聖堂の尖塔（一四二メートル、一四三九年）が世界一となり、その記録はそれから二世紀以上も保たれた。というのもゴシック建築はルネッサンスの到来によって評価が下がるとともに、やがて忘れ去られてしまい、ゴシック教会が建てられなくなってしまっては、尖塔での高さ競争も起こりようがなかったからだ。

しかし一九世紀になると愛国的なナショナリズム思想と結び付き、ゴシック建築が再評価されるようになる。ストラースブール大聖堂（図2-1①）が賞賛されたのは、ユーゴーやゲーテをはじめとする当時の文化人たちによってである。ゲーテは『ドイツの建築術について』（一七七二年）を書き、この本をストラースブール大聖堂の設計者エルヴィン・フォン・シュタインバッハ（一二四四～一三一八）に捧げ、「雲から突き出して立った山々」「魂にあるバベルの思想を示すため」といった表現で、ストラースブール大聖堂の超高層性を強く意識していた。[27]

高い建物への関心と愛国心の高揚は関係深い。ゴシック様式のケルンの大聖堂は、森と共存してきた

図2-1　①ストラースブール大聖堂（20世紀初頭の観光絵葉書）、②背後に尖塔が追加されたパリのノートルダム大聖堂（20世紀初頭の観光絵葉書）、③ハンブルクのニコライ教会（20世紀初頭の観光絵葉書）④ルーアンの大聖堂の尖塔（20世紀初頭の観光絵葉書）、⑤ケルンの大聖堂（20世紀初頭の観光絵葉書）、⑥鳥がコラージュされたウルムの大聖堂（20世紀初頭の観光絵葉書）、⑦東京都庁舎（写真：flickr by Tina. Ivano）、⑧ペトロナス・ツインタワー（写真：flickr by Georg Wittberger）

ゲルマン民族の精神世界に通じており、建設途中で放棄され何世紀も荒れ放題になっていたが、それはもはや愛国心が許さない（図2-2）。一八一四年、四メートルもある高さの紙一杯に描かれた本来のケルン大聖堂のファサードの完成予想図が、建築家ゲオルク・モラー（一七八四〜一八五二）によって明るみに出された。尖塔の片側半分の図面が切れていたが、もう片方は一八一六年、ドイツ人美術収集家のズルピーツ・ボワスレー（一七八三〜一八五四）がパリで発見した。ボワスレーはケルン大聖堂の再建にあたって、その建築史研究書を著した人物でもある[28]。ゲーテはボワスレー兄弟[29]から、ケルンの大聖堂の詳しい情報を得ており、互いに再建を望む仲であった。

ケルンの大聖堂を完成させようという愛国的な気運の中、ボワスレーらが率先し、プロイセン王フリードリヒ・ヴィルヘルムⅣ世の好意と資金によって、財団「ケルン大聖堂中央協会」が一八四二年に設立され、会員の会費と寄付が建設費に充てられた。こうして一八四二年、ケルンの大聖堂完成へ向けての工事が着手された。それからわずか四年後の一八四六年、ハンブルクでも、国民様式として再評価されたネオ・ゴシック様式での教会改築が始められた。

図2-2　建設途中で放置されていたケルンの大聖堂（1820年頃の版画より）

同じ頃プロイセンの宿敵のフランスにおいても、中世建築のロマネスクとゴシック様式が再評価されていた。その研究に従事した建築家ヴィオレ・ル・デュク（一八一四〜一八七九）によって、フランスを代表するいくつかのゴシック教会に、尖塔が増築されるようになった。例えば、パリのノートルダム大聖堂（図2-1②）には、鐘楼より高く聳える尖塔が、サント・シャペルにも、ルーアンの大聖堂にも、「一九世紀になって」新たな尖塔が付け加えられた。

こうしてパリでは、ノートルダム大聖堂が高層モニュメントとして、観光地化していった。一八二二年のパリの観光案内書には、ノートルダム大聖堂の北塔（正面から見て左側）は、三八九段の階段で登れると紹介され[30]、一八四五年のガイドブックには「安い入場料（一人二〇セント）」と書かれていた。[31] この時期ヨーロッパには一種の「高峰ブーム」が起こっていた。マッターホルンを初登攀した登山家ウィンパーは、パリで二つの「登頂」をしたとして、屋根裏最上階に住む芸術家の住処と、ノートルダム大聖堂の塔上りの思い出を書き記している。

ヴィクトル・ユーゴーが小説『ノートルダム・ド・パリ』（一八三一年）を書いたのも、ゴシック再評価の時代と重なっている。クライマックスの舞台は、ノートルダム大聖堂の頂上で、読者はそこから俯瞰できるパリの全景をも思い浮かべ、塔上にいる高揚感が文字どおり、物語の「山場」となるのである。ノートルダム大聖堂の修復が始まったのも、この小説発表後の一八四五年のことだった。

一八七一年、普仏戦争でフランスはドイツに敗北した。しかも、まだ世界で最も高かったストラースブール大聖堂のあるアルザス地方をプロイセンに割譲された。さらにハンブルクのニコライ教会（一四七・八メートル、一八七四年）（図2-1③）の完成によって、尖塔の高さ世界一もドイツに負けてしまった。すぐさまフランスは「高さ戦争」に応戦し、ルーアンの大聖堂の尖塔（一五一メートル、一八七六年）（図2-1④）で見返した。しかし数年後、ついにケルンの大聖堂（一五七・四メートル、一八八〇年）（図2-1⑤）が完成し、その座は奪われてしまった。

一八八四年、次にその記録を破ったのは教会ではなかった。まずアメリカのワシントン記念碑、そしてエッフェル塔によって、フランスは高さ戦争に決着をつけたのだ。それでもドイツは完全降伏せず、今度は教会部門に限定して、ウルムの大聖堂（一六一・五メートル、一八九〇年）で高さ世界一の座を獲得した（図2-1⑥）。[32] それは現在も保持されているが、将来はバルセロナのサグラダ・ファミリア教会（一八八二年着工、二〇二六年完成予定）に、その座を譲ることとなる。一方フランスではユイスマンスが、シャルトルの大聖堂を仔細に描写した長編小説『大伽藍』（一八九八年）を発表した。世界一の高さではないが、シャルトルの大聖堂のファサード右側の尖塔は、一二世紀ロマネスク様式で一〇五メートル、左側の鐘楼は一六世紀フランボワイアン・ゴシック様式で一一三メートルもの高さがある。このような小説が書かれるのは、今まで見てきたような当時の社会的背景があったからこそだろう。

パリのノートルダム大聖堂のように、ファサードの両側に一基ずつの鐘楼（あるいは尖塔）が伸びてゆくさまは、現代のツインタワーのタイプの超高層ビルを思い起こさせる。二〇〇一年九月一一日のテロで倒壊したニューヨークのツインタワー「世界貿易《ワールド・トレード》センター・ビル」（四一七メートル、一九七一年[33]）も、ゴシック聖堂が世界一の高さをめざしたように、建設当時は世界で最も高いビルだった。設計者のミノル・ヤマサキは、外壁支柱のディテールに、ゴシック尖塔のようなラインをつくり、ゴシック・モダニズムを実現させていた。東京では、丹下健三が新都庁舎（二四三・四メートル、一九九〇年）の設計で、パリのノートルダム大聖堂をモデルにした（図2-1⑦）。シーザー・ペリ設計のクアラルンプールにある石油会社の超高層ビル「ペトロナス・ツインタワー」（四五二メートル、一九九八年）（図2-1⑧）は、マレーシアの伝統の仏教建築とイスラム寺院のミナレットの要素をデザインに取り入れた尖塔付きツインタワーで、建設当時は世界一の高さでもあり、十分にゴシック聖堂の系譜に入るだろう。

イギリスのゴシック復興《リヴァイヴァル》と高層建築

一九世紀イギリスにおける国家を代表する建築様式はゴシック様式であり、ヴィクトリア朝時代には、煉瓦積みを特徴とするヴィクトリアン・ゴシック様式が流行した。しかし、イギリスでのゴシック復興《リヴァイヴァル》は、ネオ・ゴシックで、本来のゴシック様式を改造した折衷的なもので、公共建築によくみられる。一方ドイツやフランスは、歴史学的に再現すべき中世のゴシック様式の復興が重視されたので、結果的にゴシック教会の尖塔での高さ競争に繋がったが、捉え方が異なるイギリスではそのようなことは起こらなかった。

イギリスのネオ・ゴシックは斬新なもので、自邸にゴシック僧院のような高い塔をつくらせた人物がいた。ディレッタント作家で国会議員も務めたウィリアム・ベックフォード（一七六〇～一八四四）である。同名のロンドン市長の父から莫大な遺産を相続した彼は、ウィルトシャー州フォントヒル・ジフォードに、自身で集めた膨大な美術品と蔵書を収めるため、「フォントヒル修道院《アビー》」と命名した大邸宅を建設した（図2-3①）。ポルトガルのバターリャの寺院をモデルに、ジェイムズ・ワイヤット（一七四六～一八一三）が設計、ネオ・ゴシック建築の初期の例として建築史上不朽の名を残す建物である。ゴシック大聖堂のデザインを住宅に取り入れた奇抜な案で、九〇メートルの塔を中心に聳えさせた。建設開始は一七九六年、塔は間もなく倒壊したが再建、ベックフォードは一八二二年まで住んだ。三年後の一八二五年に塔が二度目の倒壊をしてから、建物も解体され現存しない。それでもベックフォードは、再び塔状の邸宅「ベックフォード塔」（約三七メートル、一八二七年）をバースにつくっている。建築家ヘンリー・グッドリッジ（一七九七〜一八六四）による設計で、イタリアのヴェローナの大聖堂のロマネスク様式の鐘楼を模した家だ（図2-3②）。

イギリスでも歴史的に忠実であろうとするゴシック復興《リヴァイヴァル》があり、その旗手オーガスタス・ピュージン（一八一二〜一八五二）によってゴシック教会が数多く建てられた（図2-3③）[34]。彼が推進していたのは初期ゴシック様式であったので、ドイツとフランスで再燃していた後期ゴシック様式のように高層で競えるものではなかった。いずれにせよイギリスでは、ゴシック様式が国家を代表する建築様式とみなされたので、重要な公共建築には高層のネオ・ゴシック様式が採用され、ロンドンのスカイラインにも変化が出てきた。その代表例である高層の時計塔「ビッグ・ベン」（九六・三メートル、一八四三〜五九年）が、チャールズ・バリー（一七九五〜一八六〇）設計のウェストミンスターの国会議事堂に聳え立った[35]。このロンドンの国会議事堂は、カナダのオタワの国会議事堂（一九一六〜二〇年）にも影響を与え、ビッグ・ベンに似たネオ・ゴシック様式の高い時計塔「平和塔」が付けられた（図2-4①）。

ビッグ・ベン建設と同じ頃、ウェストミンスター宮殿の一角に、同じくバリーの設計によるネオ・ゴシック様式の「ヴィクトリア・タワー」（九八・五メートル、一八五五年）も建てられた（図2-4②）。こちらの方が高いのだが知名度は低い。それはビッグ・ベンが、ゴシック時代にはない折衷的で華やかなネオ・ゴシック様式である一方、ヴィクトリア・タワーはまるで本物のゴシック建築のようで、横幅が広くマッシヴなため、ビッグ・ベンより低く見えるからであろう。しかし当時の高層比

図2-3　①フォントヒル・アビー（19世紀の版画）、②ベックフォード塔（19世紀の版画）、③オーガスタス・ピュージン『英国のキリスト教建築復興のための弁明』（1843年）より

較図（第三章参照）に引用されたのは、高さで勝るヴィクトリア・タワーの方であった。

高さは足らずとも高層性を演出するビッグ・ベンは、今もロンドンを代表する高層建築の一つであり、現代の超高層ビルのモチーフにも表れる。例えば「NTTドコモ代々木ビル」（二三九・九メートル、一九九七～二〇〇〇年）（図2-4③）は、ニューヨークのエンパイア・ステート・ビルとよく比較されるが、二〇〇二年にNTTドコモ創立十周年記念で大時計が取り付けられてからは、ビッグ・ベンにも似てきた。サウジアラビアの「メッカ・ロイヤル・ホテル・クロック・タワー」（六〇一メートル、二〇〇五～

一二年）（図2-4④）も、ビッグ・ベンを髣髴とさせるデザインだ。

ヴィクトリアン・ゴシックを得意とする建築家ジョージ・ギルバート・スコット（一八一一～一八七八）は、ロンドンのセントパンクラス駅付属の「ミッドランド・グランド・ホテル」（八〇メートル、一八六九年）に、高い尖塔と時計塔を付随させ、イギリス一高い建物（一九一一年まで、

図2-4　①オタワの国会議事堂（写真：Wikimedia by Arctic. gnome）、②ヴィクトリア・タワー（写真：flickr by Puzzler）、③NTT ドコモ代々木ビル（写真：flickr bydimitris. argyris）、④メッカ・ロイヤル・ホテル・クロック・タワー（写真：flickr by Mink）

第四章参照）をつくったが、数年間世界最高峰にランクインしたハンブルクのニコライ教会（前節参照）の設計者も、実はこのスコットだった。スコットはコンペで三位であったが、一位のゼンパーのデザインがフィレンツェ風ゴシックだったので、ドイツ国民が好んだ正統派ゴシックを採用したスコットの案が最終的に選ばれたのだった。

ゴシック様式は一九世紀から二〇世紀初めまで、高層建築を建てるのに最もふさわしい建築様式だったので、新築の市庁舎に好んで採用され、その際に高い時計塔か塔屋《タワー》も付随させることが流行した。ヨーロッパ大都市にできた塔屋《タワー》付きゴシック様式の市庁舎として、ヤン・ヴァン・ルイスブルーク設計のブリュッセル市庁舎（一五世紀）（図2-5①）、フリードリヒ・フォン・シュミット設計のウィーン市庁舎（一八七二〜八三年）（図2-5②）、ゲオルク・フォン・ハオベリッサー設計のミュンヘン市庁舎（一八六七〜一九〇九年）（図2-5③）などが挙げられる。

塔屋《タワー》付き市庁舎建築には、ゴシック様式の他、もう一つ人気のあった建築様式があった。それはネオ・ルネッサンス様式である。ネオ・ルネッサンス様式も時計塔のある塔屋《タワー》が付けやすく、パッラーディオ風のイタリア後期ルネッサンスに、屋根をフランス・ルネッサンス風にしたものが流行した。公共建築が新築される際のコンペでは、建築家はまずネオ・ゴシック様式にするか、ネオ・ルネッサンス様式にするかで迷った。例えばイギリスでは、アルフレッド・ウォーターハウスの設計したマンチェスター市庁舎（一八六八〜七七年）は、ヴィクトリアン・ゴシック様式の高い時計塔（八五メートル）が付随しているが、時計塔付きのリヴァプール市庁舎（一八六〇〜六六年）は、イタリア風とフランス風を混ぜたネオ・ルネッサンス様式である。高い時計塔が付いているストックポート市庁舎

（一九〇八年）は、イタリア後期ルネッサンスのパッラーディオ風新古典主義建築である（図2-5④）。

ドイツ語圏の市庁舎で高い塔屋《タワー》が付いたものは、ルネッサンス時代のものか近代のネオ・ルネッサ

図2-5　①ブリュッセル市庁舎（写真：flickr by Canuckistan）、②ウィーン市庁舎（20世紀初頭の観光絵葉書）、③ミュンヘン市庁舎（20世紀初頭の観光絵葉書）、④ストックポート市庁舎（写真：flickr by Smabs Sputzer）、⑤ベルリン「赤の市庁舎」（写真：Wikimedia by ©Andreas Steinhoff）、⑥ハンブルク市庁舎（写真：Wikimedia by Daniel Schwen）

ンス様式のどちらかであることが多い。ルネッサンス時代の市庁舎ではダンツィヒ（一六世紀）やバーゼル（一五一四年）などが挙げられる。近代の塔屋《タワー》付き市庁舎のネオ・ルネッサンス様式では、ドイツ風かイタリア風か両者混合かのいずれかである。ただしドイツでは普仏戦争で対仏関係が悪くなり、フランス風は避けられていた。ベルリンの「赤の市庁舎」（一八六九年）（図2-5⑤）はイタリア風[36]、ハンブルク市庁舎（一八九七年）（図2-5⑥）は北ドイツとイタリア風を混ぜた様式である[37]。高い鐘楼の付いた教会建築をいくつか手がけている建築家、ハインリヒ・ヤッソイの設計したドイツ風ネオ・ルネッサンスのシュトゥットガルト市庁舎（一九〇五年）は第二次大戦中爆撃で破壊されたが、戦後に再建されたモダニズム建築の新市庁舎（一九五六年）にも高い塔が付随している。

塔屋《タワー》付き市庁舎の建設ブーム

ユネスコ世界遺産に「ベルギーとフランスの鐘楼群」（二〇〇五年登録）というのがある[38]。それは両国にある五六の鐘楼であるが[39]、一口に「鐘楼」といっても中世の教会の鐘楼だけでなく、近代の市庁舎建築に付随した時計塔も含まれている。歴史的背景もコンセプトも全く異なる二つの「鐘楼群」を合わせての登録には違和感があるが、それはこれらが他の地域と一線を画し、高層タワー感が強く備わっている共通点があったからだろう。特にフランスとフランドル地方は、紡績と織物で栄えた財政から、一九～二〇世紀に建てられた市役所建築を豪華絢爛にする傾向があり、ファサードから権力

図2-6　①ブルージュ市庁舎（写真：Wikimedia by L. Ellis）、②アラス市庁舎（20世紀初頭の観光絵葉書）、③カレー市庁舎（1920年代の観光絵葉書）、④リール市庁舎（写真：flickr by spamdangler）

誇示的な効果を出すため、無闇に高い時計塔が付けられた。[40]

市庁舎付属の高層タワーや時計塔が、ゴシック様式で建設されたところは、ブルージュ（八三メートル、一五世紀〜一八二二年）（図2-6①）、イーペル（七〇メートル、一三世紀、第二次大戦後に再建）、アラス（七七メートル、一六世紀、第一次大戦後に再建）（図2-6②）、フランドル様式はメーネン（三三メートル、一六一〇年）、デンデルモンデ（四〇メートル、一三七七年）、シント＝トロイデン（四六メートル、一七五五年）、民族主義的なネオ・フランドル様式はカレー（七五メートル、一九一一〜二五年）（図2-6③）とアルマンティエール（六七メートル、一五一〇年、第一次大戦後に再建）、アール・デコ様式ではリール（一〇四メートル、一九三二年）（図2-6④）[41]とシャルルロワ（七〇メートル、一九三六年）の市庁舎に塔屋《タワー》が付いている。

なかでもアルマンティエール市役所を設計したルイ・マリー・コルドニエ（一八五四～一九四〇）は、時計塔付きの市庁舎建築を専門とする建築家であった。世界遺産「ベルギーとフランスの鐘楼群」には、他にも三件のコルドニエ作の高塔付き市庁舎が含まれている。ロス（三八メートル、一八八四年）、ダンケルク（七五メートル、一八九六年）、コミネ（五八メートル、一九二七年）[42]のもので、さらにコルドニエは、ラ・マドレーヌ（一八九二年）、メルヴィル（一九二二年）、ベルール（一九三一年）の塔屋《タワー》付き市庁舎や、塔屋の付いたリールの商工会議所（一九〇六～二〇年）も、民族主義的なネオ・フランドル様式で設計している。そしてコルドニエの最も重要な作品は、オランダのデン・ハーグの国際司法裁判所「平和宮」で、ここでも高い塔屋《タワー》を付随させている。一九〇五年のコンペで競合した建築家には、アメリカ式キャピトル型デザイン（次節参照）のフランツ・シュヴェヒテン（一八四一～一九二四）（図2-7①）、端に高い塔を置いた分離派風デザインのヘンドリク・ペトルス・ベルラーヘがいたが、「民族主義的な」ネオ・フランドル様式でデザインしたコルドニエが当選した（図2-7②）。

高い塔を備えた市庁舎建築は、東欧にも散見できる。イタリア風とフランス風を混ぜたネオ・ルネッサンス様式では、ルーマニアのアラド市庁舎（一八七二年）で、この設計競技で入選したのはハンガリーを代表する建築家レヒネル・エデン（一八四六～一九一四）であった[43]。エデンはコンペで何度か時計塔付き市庁舎を設計している。ハンガリーのセゲド市庁舎（一八八三年、ネオ・バロック様

図2-7　①デン・ハーグの国際司法裁判所のコンペでのシュヴェヒテンによるキャピトル型完成予想図、②デン・ハーグの国際司法裁判所（写真：Wikimedia by Yeu Ninje）、③ブダペストの国立社会保険研究所ビル（1931年の写真）、④ヘルシンキ中央駅（写真：Wikimedia by Revontuli）

式）、ペーチ市庁舎（一八八七〜九〇年、ネオ・ルネッサンス様式[44]）、ユーゴスラヴィアのサバトカ市庁舎（一八九二年、ネオ・ルネッサンス様式）である。しかし実現したサバトカ市庁舎（一九一〇年）は、コモル・マルツェルとヤカブ・デジュー共同設計の郷土様式で、時計塔がよく際立ったデザインである。コモルとヤカブはルーマニアのトゥルグ・ムレシュ市庁舎（一九〇五年）も、高層時計塔付きで民族主義的な外観にし、ブダペスト最初の高層建築ともいえる装飾的な高い塔屋《タワー》の付いた「国立社会保険研究所ビル」（一九二一〜一九三一年）（図2-7③）も設計している。[45]

伝統的な郷土建築の装飾モチーフを生かした折衷様式を、ナショナル・ロマンティシズムといい、一九世紀から二〇世紀初頭の間、民族主義の高揚した東欧や北欧の公共建築でよく好まれていた。フィンランドの建築家エリエル・サーリネン（一八七三〜一九五〇）も、この様式で、フィンランド国立博物館（一九〇五年）を高い塔付きで設計し、彼はさらに民族主義的な要素を加えたアール・ヌーヴォー様式で、ラハティ市庁舎（一九一一年）、ヨエンス市庁舎（一九一四年）、ヘルシンキ中央駅（一九一四年）（図2-7④）にも高い時計塔を付随させている。スウェーデンを代表するナショナル・ロマンティシズム建築は、ラグナル・エストベリ設計の煉瓦積みのストックホルム市庁舎（一九一一～二三年）（図2-8①）で、ここには鐘の付いた高い塔屋《タワー》が付いている。

一方近代イタリアの市庁舎建築に高い塔が付随するのは稀である。ファサード中央の最上階に時計が付き、その部分をわずかに突起させることはあるが、高い塔を突出させた意匠はとても少ない。トリエステの市庁舎は、オーストリアに近いため、中央ヨーロッパの影響を受け、ファサード中央に時計塔が高く突き出たネオ・ルネッサンス様式で、一八七五年の設計競技で入選した、地元トリエステの建築家ジュゼッペ・ブルーニ（一八二七～一八七七）の案である。イタリアでは公共建築で高い塔屋《タワー》が付くようになるのは、特にファシスト党支部の建物に多い。塔屋《タワー》付き市庁舎の建設もファシズム期、ヴィンチェンツォ・ピロッティ設計のペスカーラ市庁舎（一九三五年）（図2-8②）がその好例である。ドイツでもナチス時代に、高い塔の付いた合理主義建築で、いくつかの市庁舎が建てられている。高層建築を得意とする表現主義建築のフリッツ・ヘーガー（一八七七～一九四九）設計のヴィルヘルムスハーフェン（旧、リュストリンゲン）市庁舎は、その一例だ（図2-8③）。

オランダの建築家ウィレム・デュドック（一八八四～一九七四）も、高い時計塔が付随する市庁舎を設計している[46]。彼の代表作、アムステルダム近郊ヒルフェルムスの都市計画でデザインしたヒルフェルムス市庁舎（一九二八～三一年）（図2-8④）がそうだ。一見ファシズム建築に似ているが、

図2-8　①ストックホルム市庁舎（写真：flickr by jimmyharris）、②ペスカーラ市庁舎、③ヴィルヘルムスハーフェン（旧、リュストリンゲン）市庁舎（写真：Wikimedia by NilsKruse）、④ ヒルフェルムス市庁舎（写真：Wikimedia by Gebruiker Amarant）

ファシズム建築のもつ古典的な対称性と荘厳さはもち合わせず、非対称に縦横自在に伸びる自由性から、むしろデ・ステイルらしさがよく現れた作品である。

アメリカの塔屋《タワー》付き市庁舎と「キャピトル型」

一九〇一年、フィラデルフィア市庁舎（図2-9①）が完成し、この建物は、エッフェル塔とワシントン・モニュメントを除いて、高さ世界一を記録した。より高くするために、頂上にはフィラデルフィアの町をつくったウィリアム・ペン（一六四四〜一七一八）のブロンズ像が置かれているが、ここに付属する高さ一六七メートルの時計塔の意匠は、明らかにフランス語圏の市庁舎建築を踏襲している[47]。それはアメリカ人建築家の多くはパリに留学してボザール様式を学び、フランスの市庁舎に極度に高い塔が付くことを知っていたからで、設計者のジョン・マッカーサー（一八二三〜一八九〇）は、ナポレオンⅢ世様式とよばれるバロック装飾の要素の入ったフランス風ネオ・ルネッサンス様式を採用した。ナポレオンⅢ世様式は高い時計塔と組み合わされることが多く、カナダのケベックの議会議事堂（一九二七年[48]）（図2-9②）や、オーストラリア各地の市庁舎など、塔屋《タワー》付き公共建築で好まれた。

一九世紀末から二〇世紀初頭にかけて、アメリカでは一〇〇メートル前後の塔屋《タワー》の付いた市庁舎が、様々な建築様式で建設された。ウィスコンシン州ミルウォーキー市庁舎（一〇八メートル、一八九五年）は、ドイツ風ネオ・ルネッサンス様式、マサチューセッツ州スプリングフィールド市庁舎は、二棟のギリシャ神殿風の建物の間に時計塔（八二メートル、一九一一年）が独立して立っている珍しいタイプである（図2-9③）。バッファロー市庁舎（一二一メートル、一九三一年）はゴシッ

図2-9　①フィラデルフィア市庁舎（20世紀初頭の観光絵葉書）、②ケベックの議会議事堂（20世紀初頭の観光絵葉書）、③スプリングフィールド市庁舎（写真：flickr by jmgold）、④バッファロー市庁舎（写真：Wikimedia by T.C. Weichmann）、⑤旧トロント市庁舎（現、オンタリオ裁判所）（20世紀初頭の観光絵葉書）

ク風アール・デコ様式で、建設時は町で最も高い建物であっただけでなく、アメリカ一高い市庁舎として誕生した（図2-9④）。

アメリカでは、建築家ヘンリー・ホプキンズ・リチャードソン（一八三八～一八八六）が、ネオ・ロマネスク様式を普及させ、しばしば鐘楼のような塔の付いた市庁舎などの公共建築をデザインしている。[49] カナダでも、ネオ・ロマネスク様式で、高層の時計塔（一〇三・六メートル）が付属した旧トロント市庁舎（現、オンタリオ裁判所、一八八九～九九年）（図2-9⑤）ができ、建設当時は町で最も高い建物となった。教会建築とともに発展したネオ・ロマネスク様式は、高い塔屋《タワー》と調和しやすい。塔屋《タワー》はファサードの中心に置くか、建物の端に置いて非対称にするかのどちらかだが、決議をする場である議事堂建築では、中立性を意識し、左右対称になる新古典主義建築がふさわしいと考えられた。そこで高層の塔屋《タワー》を付けるには、ローマのサン・ピエトロ大聖堂の丸屋根からインスパイアされたようなドーム型の塔屋《タワー》を中心に備えさせ、古典主義建築で塔屋《タワー》を付けることが行われた。サン・ピエトロ大聖堂（一六二六年）のドーム天井までの高さは約一二〇メートル、世界の高い建物の高さ比べ図《ダイアグラム》（第三章参照）にもよく登場する建物で、一九世紀までは高層建築の代表の一つだった。サン・ピエトロ大聖堂は、建築史上バロック建築に分類されるが、バロックといっても曲線を駆使するタイプではなく、古典主義的バロックである。アメリカの議事堂建築では、このような新古典主義が多く（図2-10①）、やがてワシントンにあるアメリカ合衆国議会議事堂「キャピトル」（一九〇四年）に代表されるプロトタイプが形成されるようになった。

　中心に置かれたドームの塔屋《タワー》部分の両脇に水平に伸びた建物部分は、新古典主義の一つであるパッラーディオ様式（ジョージアン様式ともよばれる）、もしくは古代ギリシャ復興様式《グリーク・リヴァイヴァル》が用いられることが多い。アメリカの州会議事堂は英語で「ステート・キャピトル」とよばれるが、ステートが州、キャピトルはイタリア語のカンピドリオ、ローマの政治の中心部カンピドリオの丘に由来している。このサン・ピエトロ大聖堂の外観からインスパイアされた建築タイプを「キャピトル型」とよぶとすると、キャピトル型の議事堂のある州を建設年順に挙げると、メリーランド（一七七九年）、ニュージャージー（一七九二年）、マサチューセッツ（一七九八年）[50]、ニューハンプシャー（一八一九年）、アラバマ（一八五一年）、ヴァーモント（一八五八年）、カリフォルニア（一八七四年）、サウスキャロライナ（一八七五年）、ミシガン（一八七八年）[51]、アイオワ（一八八六年）、イリノイ（一八八八

図2-10　①『ウィトルウィウス・ブリタニクス』（1715年）で紹介されたサン・ピエトロ大聖堂、②コロラド州議会議事堂（写真：flickr by Martin_PHX）、③ミズーリ州議会議事堂（写真：flickr by ensign_beedrill）、④ベルファスト市庁舎（1910年頃の写真）

年、ここはドーム高が一一〇メートルあり、当時は最も高い州議会議事堂だった[52]）、インディアナ（一八八八年[53]）、テキサス（一八八八年）、ジョージア（一八八九年）、コロラド（一八八五～一八九四年）（図2-10②）、モンタナ（一九〇二年）、ミシシッピ（一九〇三年）、ロードアイランド（一九〇四年）、ミネソタ（一九〇五年[54]）、カンザス（一八六六～一九〇六年）、ペンシルヴェニア（一九〇六年）、メイン（一八二九～一九一〇年）、ケンタッキー（一九一〇年）、サウスダコタ（一九一〇年）、アイダホ（一九一二年）、アーカンソー（一九一五年）、ユタ（一九一六年）、ワイオミング（一八八六～一九一七年）、ミズーリ（一九一七年）（図2-10③）、オクラホマ（一九一七年）、ウィスコンシン（一九一七年）、ワシントン（一九二八年）、ウェストヴァージニア（一九三二年）となり、州の大多数を占めていることがわかる。そのうち建築家イライジャ・マイヤーズ（一八三二～一九〇九）が設計した議事堂が、三件（コロラド州、ミシガン州、テキサス州）もある。なお市庁舎では、サンフランシスコ市庁舎（一九一五年）やアイルランドのベルファスト市庁舎（一九〇六年）（図2-10④）の外観も典型的なキャピトル型である。キャピトル型ではないが、塔状部分が建物中央に突出した議事堂として、バトン・ルージュにあるルイジアナ州会議事堂（一三七メートル、一九三〇～三二年）が挙げられる。中央タワーの君臨する古典主義的なアール・デコ様式のデザインで、市内で最も高い建物でかつ最も高い州会議事堂だ（図2-11①）。その次に高いのが、リンカーンのネブラスカ州会議事堂（一三三メートル、一九一九～三二年）である（図2-11②）。

図2-11　①ルイジアナ州会議事堂（写真：Wikimedia by Jim Plylar）、②ネブラスカ州会議事堂（写真：Wikimedia by Carol M. Highsmith）

実は日本の国会議事堂も、当初は「キャピトル型」にする計画があった。明治の外務大臣井上馨が、霞ケ関をヨーロッパの大都市のような折衷建築で統一する「官庁集中計画」を打ち出し、一八八七年、日本政府はベルリンの建築家コンビ、エンデ&ベックマンに国会議事堂の設計を依頼した。エンデ&ベックマンは、アメリカのキャピトル、つまり中央にサン・ピエトロ大聖堂のようなドームを載せた古典主義的なデザインを提示した。またエンデ&ベックマンはキャピトル式だけでなく、和風デザインで中央にオリエンタルな塔屋を聳えさせる別案も練ったが、井上馨の失脚によってどちらも採用されなかった[55]。一九一八年、国会議事堂の設計競技が行われ、一等をとった渡辺福三（吉武東里の別名）の案も実はキャピトル型だった。キャピトル型でもドーム部分をさらに高くしたデザインで、それはアルゼンチン・ブエノスアイレスの国会議事堂（一八九八〜一九四六年）に酷似していた。しかし武田五一、矢橋賢吉ら臨時議院建築局の建築家たちによって改良が加えられ、今日みる姿となったのだ。

日本の公共建築と塔屋《タワー》

公共建築に塔屋《タワー》を付ける例は、日本にも数多くあった。明治維新後、木造ながらも西洋建築の要素を取り入れた洋風建築が建ち始め、棟梁たちは日本の伝統工法の技術を競って、城郭建築の天守閣を思わせる楼閣、閣《たかどの》、高楼を屋根の上に飾った。例えば日本初の高級ホテルとなった「築地ホテル館」（一八六七年）（図2-12①）[56]、兜町の第一国立銀行（後の三井銀行）「三井組ハウス」（一八七一年）、駿河町三井銀行（一八八七年）、大阪の遊楽施設、偕楽園の商業倶楽部（一八八九年）[57]などがそうである。松本市にある日本最古の小学校建築「旧開智学校」（一八七三年）（図2-12②）には、中央に八角形の塔屋《タワー》が付いている。

図2-12　①築地ホテル館（国立国会図書館デジタル化資料より）、②長野県松本市にある「旧開智学校」（写真：Wikimedia by Mnd）、③横浜の神奈川県庁舎（写真：Wikimedia by Wiiii）、④大連の旧市役所（現、中国工商銀行）（20世紀初頭の観光絵葉書）

明治・大正期にできた時計店の建物には、時計塔が付属していることが多々あり、東京・銀座の和光ビルのもとは「服部時計店」（一九三二年、渡辺仁設計）で、その先代（一八九四年）の建物にも時計台が付いていた。この旧服部時計店の時計塔とよく似た時計塔は、横浜の弁天通りにあった河北時計店（一八九四年）にも備え付けられていた。

横浜は一八五九年の開港以来、外国人との交流が活発になったため、欧米建築の影響を受けた塔屋《タワー》付きの建物が多い。一八七四年建設の横浜町会所（後の横浜会館）にも、ドーム屋根の時計塔が付いていたが一九〇五年に取り壊され、一九一七年の横浜開港五十周年に再建された。それが今も残る辰野式ルネッサンス様式[58]の横浜開港記念会館の時計塔（三六メートル）である。設計者の一人である山田七五郎は、長崎市役所（一九一四年）にもネオ・ルネッサンス様式で塔を付随させていた。コロニアル様式の二代目横浜税関（一八八五年）も、中央に八角形の塔があったが関東大震災で倒壊した。三代目にあたる今の横浜税関（一九三四年、吉武東里設計）は、ネオ・ロマネスクにアラブ様式を織り交ぜたデザインで、やはり高く聳える塔（五一メートル）が付いている。帝冠様式の神奈川県庁舎（一九二八年、小尾嘉郎設計）にも塔屋《タワー》（四八メートル）がある（図2-12③）。以上、横浜には戦前までに建てられた多くの塔屋《タワー》付き公共建築が、今も多く残っている。他の町にも戦前建造の公共建築には、塔屋《タワー》が付いたものが散見できる。例えば、当時は大阪一高かった五六メートルの塔を備えた新古典主義様式の大阪市庁舎（一九二一年、現存せず）、帝冠様式で建物の中心に和風屋根瓦を載せた塔が聳える名古屋市役所（一九三三年、平林金吾設計）、高等裁判所に相当する大阪控訴院（一九一六年、現存せず）にも中心に高い塔が聳えていた。合理主義建築でシンプルな時計塔が付いていたのは、新潟市公会堂（一九三八年、現存せず）だった。

図2-13　①日比谷の市公会堂市政会館（現、市政会館）（写真：Wikimedia by Lombroso）、②山の上ホテル（旧、佐藤新興生活館）（写真：Wikimedia by Wiiii）

当時「東京大建築」とよばれていた日比谷の市公会堂市政会館（現、市政会館）（一九二九年、佐藤功一設計）の時計塔は、アール・デコとゴシック様式を合わせた大聖堂を思わせるデザインで、当時のアメリカで流行していたものだ（図2-13①）。アメリカ人建築家ウィリアム・ヴォーリズ（一八八〇～一九六四）も、鉱石の結晶のような塔屋《タワー》の付いたアメリカン・ゴシック様式で大阪・心斎橋の大丸百貨店（一九三三年）を設計している。ヴォーリズは、東京・神田にある山の上ホテル（旧、佐藤新興生活館、一九三六年）（図2-13②）でも、鉱石の結晶のようなデザインの塔を付けている。[59]

日本の統治下の中国・大連でも、日本人建築家、日本の建設会社によって、多くの塔付きの公共建築が建てられた。旧市役所（現、中国工商銀行）（一九一九年）（図2-12④）や旧関東州庁（現、大連市公安局）（一九三〇年）などで、旧関東庁地方法院（現、中級人民法院）（一九三三年）は東京大学の安田講堂と非常によく似た外観である。

大学の時計塔

日本の戦前の塔屋《タワー》付き建築でよく知られているものに、大学の時計塔がある。日本の大学の時計塔は、アメリカの影響と思われるが、アメリカの大学の時計塔はもっと高く、ときには時計塔だけ建物と切り離し、単独に建てられることも少なくない。大学に時計塔を設置するのを好んだのは、特にイギリス、アメリカ、日本である。

初期のイギリスとアメリカの大学の時計塔は、ヨーロッパの塔付き市庁舎建築によく似ていた。時計塔を含め大学の建築様式は中世スコラ学を意識して、ネオ・ロマネスクかネオ・ゴシックが多い。ヴィクトリアン・ゴシック様式の旗手ジョージ・ギルバート・スコットの設計したグラスゴー大学メイン・キャンパス（一八七〇年）の高い尖塔タワー（図2-14①）や、ジョージタウン大学のフランドル・ロマネスク様式のヒーリー・ホール（一八七九年）の高い時計塔は、その好例だ[60]。

時計塔だけ独立して建てられる例には、アイオワ州立大学のネオ・ゴシック様式の時計塔「カンパニーレ」（三四メートル、一八九八年）がある。カンパニーレはイタリア語の鐘楼 Campanile に由来し、大学の時計塔 Clock Tower の同義語として使われる言葉である。実際、中世イタリアに実在する塔を模した大学の時計塔もある。シエナのマンジャの塔に似せたのが、イギリスのバーミンガム大学の「ジョゼフ・チェンバレン記念時計塔」（一一〇メートル、一九〇八年）で[61]、ヴェネツィアのサン・マルコ広場の鐘楼を模したのが、カリフォルニア大学バークレー校の時計塔「サザー・タワー」（九三・六メートル、一九一四年）である（図2-14②）[62]。設計者ジョン・ガレン・ハワード（一八六四〜一九三一）は、一九〇一年のバッファロー博のシンボルタワーである電気塔の建築家でもあった。一方古典主義的な意匠のルイジアナ州立大学の時計塔「メモリアル・タワー」（五二メートル、一九二三年）は、第一次大戦の戦没市民の慰霊塔の役割も果たしている（図2-14③）。

日本の大学では時計塔だけ独立させずに、メイン校舎や講堂に付属させ、ファサード中央から高く聳えさせるのが一般的である[63]。その建設は一九二〇〜三〇年代に集中しているので、様式は当時流行のアール・デコとなるが、学びの場としてふさわしい中世のロマネスクかゴシックの要素を加味したアール・デコが多い。中央に時計塔が聳える東京大学安田講堂（四〇メートル、一九二二年、内田祥三設計）は、ゴシックとアール・デコを融合させており、日本の国立大学の時計塔の範となった。東大駒場キャンパスには、航空研究所本館（一九二九年）[64]と教養学部のメイン校舎（一九三三年）にも、ロマネスクとアール・デコが融合した様式の時計塔が中央に聳えている。以下国立大学の例を年代順に挙げてゆけば、京都大学の時計塔（三〇メートル、一九二五年、武田五一設計）[65]、東京商科大学（現、一橋大学）の図書館（一九三〇年、伊東忠太設計）[66]、東京農工大学本館（一九三四年）、東京工業大学本館（一九三四年）（図2-14④）に、アール・デコ様式の建物中央に時計塔が付いている。

早稲田大学の大隈講堂（三八メートル、一九二七年、佐藤功一設計）では、建物の端にネオ・ゴシック様式の時計塔が聳えるが、建築史家の鈴木博之は「左右対称を外して塔を設けているのは、官学に対する私学の心意気」という解釈を示している。[67]たしかに私立の、同志社大学啓明館（一九二〇年）のロマネスク風アール・デコ様式の塔屋《タワー》も建物の端に付いている。なお設計者のヴォーリズは、プロテスタント教会の伝道師でもあったので、鐘楼の付いた教会を数多く設計しており、スペイン風コロニアル様式の関西学院大学の図書館の時計塔（一九二九年）も彼の作品だ。ヴォーリズは祖国アメリカで流行している建築様式を意識したのだろう。それはキャンパス内の建物をスペイン風に統一したスタンフォード大学を思い起こさせる。スタンフォード大学の「フーヴァー・タワー」（八七メートル、一九四一年）は、サラマンカの大聖堂の鐘楼に似せている（図2-14⑤）[68]。

一九三〇年代アメリカでは、大学の高層ビル化が始まり、建物そのものが塔のようになってゆく。ピッツバーグ大学本館「学びの大聖堂」（一六二メートル、一九三四年、ヘンリー・ホーンボステル

図2-14　①グラスゴー大学メイン・キャンパス（写真：flickr by Matito）、②カリフォルニア大学バークレー校の時計塔「サザー・タワー」（写真：筆者）、③ルイジアナ州立大学の時計塔「メモリアル・タワー」（写真：Wikimedia by Kkmurray）、④東京工業大学本館（写真：筆者）、⑤スタンフォード大学の「フーヴァー・タワー」（写真：筆者）、⑥ピッツバーグ大学本館「学びの大聖堂」（写真：flickr by Salim Virji）、⑦テキサス大学オースティン校本館（写真：flickr by vxla）、⑧ケンブリッジ大学の図書館（写真：flickr by stevecadman）

設計）は、その名のとおりゴシック大聖堂を思わせる外観の、アメリカン・ゴシック様式の超高層タワーである（図2-14⑥）。計画当初はピッツバーグで最も高い建物になる予定だったが、先に完成したガルフ・タワー（一七七メートル、一九三二年）に越されてしまった。それでも「学びの大聖堂」は、モスクワ大学本館（二四〇メートル、一九五三年）の完成まで世界で最も高い大学建築の座を保っていた。テキサス大学オースティン校では、ネオ・ゴシック様式の塔屋《タワー》付き市庁舎建築のようだった本館（一八八二年）を取り壊して、新古典主義建築で三〇階建ての時計塔付きの本館（九四メートル、一九三七年）が新築された

（図2-14⑦）。

　一九三〇年代、イギリスの大学の高層化はアメリカほど極端ではないが、新古典主義的なアール・デコもしくは合理主義建築で、高い塔屋《タワー》の付いた棟が新築されるようになった。例えばロンドン大学のセネート・ハウス棟は、中心に高層ビルのような塔屋《タワー》（六四メートル、一九三七年、チャールズ・ホールデン設計）が付いている。ケンブリッジ大学の塔屋《タワー》付き図書館（四八メートル、一九三四年、ジルズ・ギルバート・スコット設計）（図2-14⑧）は、モニュメンタルな塔のような煙突が聳えるロンドンの有名な二つの工場[69]の設計者というのが頷ける意匠だ。

　一方戦後の日本の大学建築には、東京タワーのような赤い鉄塔が建物の中心に聳えたユニークなものがある。東海大学湘南キャンパス（一九六二年）の建物で（図2-15①）、逓信建築を専門とする山田守（一八九四～一九六六）の設計による。彼は、構造美に基づく曲線を使ったデザインを得意とし、先立って設計した東海大学代々木キャンパスの第二号館（一九五五年）でも、似たようなデザインの赤と白に塗られた鉄塔を中心に置いている。建物から電波塔が聳えるアイディア

図2-15　①東海大学湘南キャンパス（写真：Wikimedia by Wiii）、②京都タワー（写真：Wikimedia by Wiii）

は、同じく彼が設計した展望塔「京都タワー」（一〇〇メートル、一九六四年）（図2-15②）にも受け継がれている。こちらは巨大な和蝋燭のようなフォルムの塔で、古都の景観に沿うように考えられたものの、日本初の美観論争を巻き起こした。

イタリアの中世の塔を真似たアメリカの高層ビル

中世イタリアの鐘楼も、一九世紀までは高層建築の代表かつ象徴でもあったことから、近代アメリカの高層ビルの意匠に取り入れられた。世界の高層建築の比較図《ダイアグラム》に登場するのは、クレモナにある一四世紀の塔「トラッツォ」（一一二メートル）で、当時のイタリアで最も高い鐘楼だが、高層ビルのデザインに登用された中世イタリアの鐘楼は、高いだけでなく知名度のあるものが選ばれた[70]。

それは、ヴェネツィアのサン・マルコ広場の鐘楼（九八・六メートル、一六世紀）と、中世トスカーナの塔で、フィレンツェのパラッツォ・ヴェッキオに付属する塔（九四メートル）（図2-16①）や、シエナのマンジャの塔（一〇二メートル）（図2-16②）が代表的である。パラッツォ・ヴェッキオに似せた近代建築の一例は、ボストンにある塔の付いたビル「パイン・ストリート・イン」（一八九二年）で、ここはもともと消防署であったので、塔部分は火災報知塔としての役割を果たしていた。

シエナのマンジャの塔のモチーフは、一九世紀半ばから二〇世紀初めにかけて、英米圏で好まれ、イギリスでは工業建築の煙突のデザインに使用された。例えばリンカーンシャー州グリムズビーには、マンジャの塔を真似た水圧塔「ドッグ・タワー」（九四メートル、一八五二年）がある（図2-16③）。これは、ロイヤル・ドックのゲートを開ける動力のために建ったものだ。ヨークシャー州リーズ近郊ホルベックには「タワー・ワークス」（一八六六年）とよばれている織物工場があり、ここにはマンジャの塔だけでなく、ヴェローナのランベルティの塔とジオットの鐘楼に似た塔もあり、つまり三つもイタリアの鐘楼のデザインを真似た塔がある。

特にアメリカでは、トスカーナの中世の塔のモチーフは様々な建物に現れる。コネチカット州ウォーターバリーの鉄道駅舎（一九〇九年）（図2-16④）には、マンジャの塔に瓜二つの時計塔が聳えている。バルティモアの「ブロモ・セルザー・タワー」（八八メートル、一九一一年）（図2-16⑤）は、マンジャの塔（といっても最上部は八角柱にして変化をつけている）がそのまま高層ビルになったような意匠で、建設当初から一九二三年までバルティモア一高いビルだった。一六二〇年のピルグリム・ファーザーズのメイフラワー号上陸を記念し、マサチューセッツ州プロヴィンスタウンに建った「ピルグリム記念碑」（一九一一年）（図2-16⑥）も、マンジャの塔にそっくりである。以上、マンジャの塔に似た建物の建設は、一九一〇年前後に集中している。

一九〇二年、ヴェネツィアのサン・マルコ広場の鐘楼は突然倒壊し、一〇年の歳月をかけて一九一二年に再建されたが、これは鐘楼の知名度をさらに引き上げるのに貢献したようだ。サン・マルコ広場の鐘楼（図2-17①）のモチーフも当時、高層ビルによく使われたが、公共建築に付随する時計塔にも表れた。市庁舎付属の時計塔がサン・マルコ広場の鐘楼によく似た例は、北ドイツのキー

図2-16　①フィレンツェのパラッツォ・ヴェッキオ（写真：筆者）、②シエナのマンジャの塔（写真：筆者）、③グリムズビーの水圧塔「ドッグ・タワー」（写真：flickr by Paul Stainthorp）、④ウォーターバリーの鉄道駅舎（20世紀初頭の観光絵葉書）、⑤バルティモアの「ブロモ・セルザー・タワー」（20世紀初頭の観光絵葉書）、⑥プロヴィンスタウンの「ピルグリム記念碑」（20世紀初頭の観光絵葉書）

ル市庁舎（一〇六メートル、一九一一年）とオーストラリアのブリスベン市庁舎（一九一七年）にみられる。これらは建設当時は町で最も高い建物だった。駅舎建築に付属する時計塔がサン・マルコ広場の鐘楼に似ている例は、シアトルのキング・ストリート駅（七四メートル、一九〇六年）（図2-17②）とカナダのトロント北駅（四三メートル、一九一六年）である。[71]

コロラド州デンヴァーの「ダニエルズ&フィッシャー・タワー」（九九メートル、一九一一年）（図2-17③）は、サン・マルコ広場の鐘楼によく似た高層ビルで、ダニエルズ&フィッシャーというデパートの建物の塔屋《タワー》として建てられ、当時は町で最も高い建物であった。同じ頃、ロンドンのセルフリッジ・デパートの設計案にも、真ん中からサン・マルコ広場の鐘楼のレプリカが突き出した案があったが実現しなかった。ダニエルズ&フィッシャーの倒産後、デパートの店舗部分は一九七一年に解体され、今はサン・マルコ広場の鐘楼に似た高層ビル部分だけが残っている。

超高層ビル本体が、サン・マルコ広場の鐘楼をモチーフにしたデザインになっている例で最も有名なのは、ニューヨークの「メトロポリタン生命保険会社ビル」（二一三メートル、一九〇九年）で、建設時は世界一高い建物だった。シアトル一高い超高層ビル「スミス・タワー」（一四九メートル、一九一四年）も、サン・マルコ広場の鐘楼から着想したデザインだ。ボストンの超高層ビル「カスタム・ハウス・タワー」（一五一メートル、一九一五年）（図2-17④）[72]も、サン・マルコ広場の鐘楼を新古典主義様式化させたような意匠で、やはりこれも町で最も高い建物として誕生している。

図2-17　①サン・マルコ広場の鐘楼（20世紀初頭の観光絵葉書）、②シアトルのキング・ストリート駅（20世紀初頭の観光絵葉書）、③デンヴァーの「ダニエルズ&フィッシャー・タワー」（20世紀初頭の観光絵葉書）、④ボストンの超高層ビル「カスタム・ハウス・タワー」（1930年代の観光絵葉書）

リットリオ塔からイタリア初期高層ビル建築へ

二〇世紀初頭、アメリカの建築家が中世イタリアの塔を模倣し、高層ビルをデザインしていても、本家イタリアの塔といえば、まだルネッサンス以前の歴史的建造物に限られていた。中世トスカーナ地方では、現在の市役所に相当する建物に高い塔が付随していた。例えば先にふれたフィレンツェのパラッツォ・ヴェッキオやシエナ市役所のマンジャの塔である。一九世紀の欧米で、公共建築に高い塔を付属させて施主の権威を視覚化することが流行っても、イタリアはその影響をほとんど受けていなかった。中世イタリアの鐘楼が教会から独立して建てられたように、一九世紀は南部プーリア地方などの市庁舎が、建物と離して時計塔を置くことはあったが、公共建築に高い塔が付随することが流行するのは、ムッソリーニ率いるファシスト党が政権を取るようになった一九二〇～四〇年代と、かなり遅い。

当時イタリアでは、ファシスト党支部の建物だけでなく、[73] ファシスト党がつくった全国バリッラ事業団や全国余暇事業団《ドーポラヴォーロ》といったファシスト党関連施設が、次々と建設されていた。党支部「ファッショの家」は、クロアチア、スロベニア、ギリシャ、エチオピア、エリトニアの植民地も含め、イタリア全土の大小各都市に設置された。既存の建物を利用したものから新築の合理主義建築まで、様々なタイプがあるが、建物の新旧にかかわらず高い塔を付随させることが多かった（図2-18①）。塔付きの歴史的建造物を「ファッショの家」に転用した町には、アスコリ・ピチェーノ（一三世紀の館）（図2-18②）とキアヴァーリ（中世トスカーナ風の一九世紀の建物）、グロッセートがある。一方新築の「ファッショの家」のほとんどは、ネオ・バロックか新古典主義を簡素化させた合理主義建築（ファシズム建築ともよばれる）で、そのファサードには、しばしば高い塔もしくは塔状の突起物が付けられた（図2-18③）。塔屋《タワー》部分には時計が付くものもあり、高く聳える塔の存在は、ファシスト党の権力を象徴した。やがて「ファッショの家」に塔屋《タワー》を付けるだけでは飽き足らず、建物から切り離して単独に「リットリア塔 Torre Littoria」とよばれるモニュメンタルな塔も建設されるようになる。

リットリア塔ができた町は、一九三〇年代、ムッソリーニが新設した都市（ムッソリニア―現、アルボレア、リットリア―現、ラティーナ、グイドニア、サバウディア（図2-18④）、フェルティリア、アプリリア、グイドニア、カルボニア）で、これら新設都市以外では北イタリアの町に多く、特に高層なのが、トリノとミラノのリットリア塔である。

一九三三年、「ミラノのリットリア塔」（一〇八メートル）（図2-18⑤）は、第五回ミラノ・トリエンナーレの開催に合わせ、センピオーネ公園に建てられた。設計はジオ・ポンティである。鋼鉄の骨組みが透けて見える六角柱の鉄塔で、建設当時はミラノで最も高く、エレベーター付きの展望塔として使われた[74]。ミラノのリットリア塔の建設と同年、トリノでもリットリア塔（八七メートル）が建設された。この塔は、合理主義建築の保険会社のオフィスビルでもあったのだが、ファシスト党の権力を誇示するため、当時の写真絵葉書では、トリノで最も高いモーレ・アントネッリアーナ（第三章参照）の高さをリットリア塔が凌ぐように見える角度で撮影されることもあった（図2-18⑥）。

リットリア塔が増え始めた一九三〇年代は、イタリア各地に高層ビルも建て始められるようになるが、初期の高層ビルが「○○塔」と命名されたのは偶然ではないだろう。一九三二年、ファシスト党支持者で、自動車会社フィアットの創業者ジョヴァンニ・アネッリは、アルプスの麓の町セストリエールのリゾート開発にあたり、リンゴット自動車工場の建設監督であったヴィットリオ・ボナデ・

ボッティーノ（一八八九〜一九七九）の設計で、円柱塔状の二軒の高層ホテルを建てさせた（図2-18⑦）。その建物は、外壁の色から「赤い塔」と「白い塔」と呼ばれた。さらにアネッリは、ボナデ・ボッティーノに、海と山につくった二軒の社員保養宿舎も、よく似た高層の円柱塔デザインで設計させた。マリーナ・ディ・マッサ（海）の「バリッラ塔」（五二メートル、一九三三年）（図2-18⑧）と、サリーチェ・ドゥルツィオ（山）の「コロニア・フィアット（現、Grand Hotel La Torre）」（一九三七年）である。

ファシスト党のための設計経験が豊富な建築家、マルチェッロ・ピアチェンティーニ（一八八一〜一九六〇）も、「〇〇塔」と命名される高層ビルを設計している。ブレーシャの「大きい塔（トッリオーネ）」（五七メートル、一九三二）（図2-18⑨）と、ジェノヴァの「時計の高層ビル（ピアチェンティーニ塔）」（一三二メートル、一九四〇年）（図2-18⑩）であり、どちらも町最初の高層ビルで、後者はイタリアで初めて一〇〇メートルを越えた高層ビルとなった。この頃より、ミラノを中心に数多く建設されていった高層ビルのほとんどが、「スニア塔」（六〇メートル、一九三七年）や「ブレダ塔」（一一七メートル、一九五四年）という具合に「〇〇塔」という名になっており、「ヴェラスカ塔」（一〇六メートル、一九五八年）（図2-18⑪）の外観は、トスカーナの中世の塔をモチーフにしている。現代のミラノでも、イタリア一の高さを更新しながら建設されてゆく高層ビルの名称の多くが、依然として「〇〇塔」となっている。

図2-18　①ソレジーナにあるファシスト党支部「ファッショの家」（1930年代の観光絵葉書）、②アスコリ・ピチェーノの「ファッショの家」（1930年代の観光絵葉書）、③ターラントにあるファシスト党支部「ファッショの家」（1930年代の観光絵葉書）、④サバウディアのリットリア塔（1930年代の観光絵葉書）、⑤ミラノのリットリア塔（写真：筆者）、⑥トリノのリットリア塔（1930年代の観光絵葉書）、⑦セストリエールの円柱塔状の2棟の高層ホテル（1930年代の観光絵葉書）、⑧マリーナ・ディ・マッサの「バリッラ塔」（写真：Wikimedia by Sailko）、⑨ブレーシャの「大きい塔（トッリオーネ）」（1930年代の観光絵葉書）、⑩ジェノヴァの「時計の高層ビル（ピアチェンティーニ塔）」（1930年代の観光絵葉書）、⑪ミラノのヴェラスカ塔（写真：flickr by zoonabar）

「塔（タワー）」と命名される高層ビルたち

　ヨーロッパの初期の高層ビルは「○○塔」と命名されることが多い。ヨーロッパ初といわれる高層ビルはいくつかあるが、その名称にはたいてい「塔」が含まれている。例えば、スウェーデンの首都ストックホルムには、新古典主義様式の「ロイヤル・タワーズ Kungstornen」がある（図2-19①）。通りを挟んだ双子のビルなので複数形でよばれていて、まず北棟（六〇メートル、一九一九～二四年）、次に南棟（六一メートル、一九二五年）が建設された。

　一方ドイツの初期高層ビルは「高い家 Hochhaus」（図2-20①）とよぶだけあって、高層ビルでも横幅もあるマッシヴな形状なので、「塔状感《タワー》」のない建物が多い。その中でも比較的スレンダーな形で、初期の高層ビルといわれているのが、デュッセルドルフの「ヴィルヘルム・マルクス・ハウス」（五七メートル、一九二四年）、ようやくタワーTurmと銘打ったのが、シュトゥットガルト日刊新聞社のビル「新聞タワーTagblatt-Turm」（六一メートル、一九二四～二八年）である（図2-20②）。

　スペインで最初の高層ビルといわれているのは、マドリッドの電話会社のビル「エデフィシオ・テレフォニカ」（八九メートル、一九二九年）（図2-20③）で、これは「塔」という単語でなく「建物《エディフィシオ》」とよばれている。高さ規制が三五メートルまでのところ特例を設けて建てたので、塔とよばないようにしたのかもしれない。折衷的なネオ・バロック様式で、街並みに溶け込みやすいように配慮され、建物から時計塔を突出させてスペイン一高いビルとなった。一九五三年、この建物の高さ

図2-19　①ストックホルムの「ロイヤル・タワーズ」（写真：Wikimedia by Holger. Ellgaard）、②ヴィルールバンヌの初期高層ビル「グラットシエル」（1930年代の観光絵葉書）、③ミラノの初期高層ビル「グラッタチエーロ」（1930年代の観光絵葉書）、④中銀カプセルタワー（写真：筆者）

は、マドリッドの「エデフィシオ・エスパーニャ（スペイン・ビル）」（一一七メートル）に越された。この建物は、当時ロシアで流行っていたスターリン様式の高層ビルの影響を受けた古典主義的なデザインである。一方シンプルな合理主義建築の高層ビルでは、一九五七年、「マドリッド塔（トッレ・デ・マドリッド）」（一四二メートル）が高さ記録を更新した。

　ベルギーではアントワープにあるアール・デコ様式の高層ビルの名が、塔そのままの命名「トーレンゲブーフ Torengebouw（塔の建物）」（八七・五メートル、後に九七メートル、一九三二年）（図2-20④）[75]で、ここもヨーロッパ初の高層ビルといわれ、上層階には展望室も設けられた。トーレンゲブーフは、教会や鉄塔を除くビル部門で、ヨーロッパ最高峰を記録したが、一九四〇年には、ジェノヴァの「ピアチェンティーニ塔」（前節参照）にその記録を譲った。

リヨン近郊のヴィルールバンヌは、一九二〇〜三〇年代につくられた町で、フランス最初の高層ビルができた。ここは一九三四年[76]、ストレートな命名で「レ・グラットシエル（高層ビル）」（図2-19②）という名の高層ビルが建ったが、単数形ではなく複数形Les gratte-cielなのは、美しい白亜のアール・デコ様式で同じデザインの二棟が、町の通りの門のように並んだからである。ヴィルールバンヌのほかストックホルムとミラノの場合もそうだが、初期のヨーロッパの高層ビルは、二棟セットで双子のようにして建てることもよくあった。なおグラットシエルは「空を引っ掻く」と言う意味で、英語の「スカイスクレパーskyscraper」にあたる。イタリア語でも同じく「グラッタチエーロgrattacielo」（図2-19③）で、ドイツ語では「雲を引っ掻く」の意の「ヴォルケンクラッツァーWolkenkratzer」となるが、町一番の高さをめざすような高層・超高層ビルの命名ではほとんど使用されず、「〇〇塔《タワー》」と名付けられるほうが圧倒的に多い。

近年ロシアでは「塔《タワー》」と名付けられた超高層ビルが高さを競い合っているが、戦後のモスクワで高層建築が初めてブームとなったときは「塔《タワー》」という命名は行われなかった。それまでロシアで最も高かった建物は、ペトロパヴロフスキー大聖堂の尖塔（一二二・五メートル）で、一九五〇年代に建った象徴的な七軒のロシア初の高層ビル群は「モスクワの七姉妹」とよばれている。冷戦の敵対国アメリカを意識し、その様式はニューヨークの二〇世紀初頭をモデルにした折衷様式で、ネオ・ゴシック、ネオ・ルネッサンス、ネオ・バロック、新古典主義を組み合わせたデコレーションケーキのような意匠で、「スターリン様式」とよばれている。どの「七姉妹」もシンメトリカルで、中央に高い尖塔を聳えさせて、さらに高くしようとしている。それは「塔」というよりも「宮殿」という言葉がふさわしい。

「七姉妹」を年代順に挙げると、まずモスクワ主任建築家ドミトリ・チェチューリン（一九〇一〜一九八一）が設計した「コテルニチェスカヤ住宅」（一七六メートル、一九五二年）は、完成時はソビエトで最も高い建物となった。しかし翌年に完成した「モスクワ大学本校舎」（二四〇メートル、一九五三年）（図2-20⑤）にその記録は破られ、この建物は、「七姉妹」の中で最も高い。後に続くのは「外務省」（一七二メートル、一九五三年）、「重工業省」（一三三メートル、一九五三年）、「クンドリンスカヤ広場の住宅」（一六〇メートル、一九五四年）、「ホテル・レニングラード」（一三六メートル、一九五四年）となる。「ホテル・ウクライナ」（一九八メートル、一九五七年[77]）は、当時は世界最高層のホテルとして誕生し、内部は二〇世紀ロシアを代表する画家たちの絵で飾られている。同じ頃、ポーランドの首都ワルシャワにもスターリン様式の高層ビルが誕生した。スターリンがポーランドに寄贈した「文化科学宮殿」（二三七メートル、一九五五年）（図2-20⑥）である。これは当時も今もポーランド一高い建物である。ソビエト社会主義を賛美するモニュメントでもあり、思想的にも物議をかもし、ワルシャワの景観破壊の象徴となった建物でもある。モスクワには近年も、「八人目の姉妹」といわれるスターリン様式の超高層マンション「トライアンフ・パレス（勝利の宮殿）」（二六四メートル、二〇〇三年）が建ち、建設当時はヨーロッパ大陸で最も高い建物であった。

「ニューヨークを除く」アメリカで、タワーと銘打ったビルが最高峰の座を競うことが集中したの

図2-20　①「高い家（ホーホハウス）」とよばれるドイツの初期高層ビルの一例（ハンブルクの「シル・ハウス」（左）とハノーファーの「アンツァイガー・ホーホハウス」（右））（ともに1930年代の観光絵葉書）、②シュトゥットガルト日刊新聞社のビル「新聞タワー」（写真：Wikimedia by Enslin）、③マドリッドにある電話会社のビル「エデフィシオ・テレフォニカ」（写真：Wikimedia by Bidon）、④アントワープの初期高層ビル「トーレンゲブーフ」（1930年代の観光絵葉書）、⑤モスクワ大学本校舎（写真：flickr by Dieter Karner）、⑥ワルシャワの文化科学宮殿（写真：Wikimedia by Nnb）

は、一九二九年前後、大恐慌前夜の景気で着工した建物である。つまりブラックマンデーの寸前に建設が完了、あるいはそのまま頓挫せず建設を続行し数年内に完成しているものには、町一番の高さを記録して「タワー」と銘打った高層ビルが多い。例えば、デトロイトの「ブック・タワー」（一四五メートル、一九一六〜二六年）、シカゴの「マザー・タワー」（一五八メートル、一九二八年[78]）、クリーヴランドの「ターミ

図2-21　①クリーヴランドの「ターミナル・タワー」（1930年代の観光絵葉書）、②サンアントニオの「スミス・ヤング・タワー（現、タワー・ライフ・ビル）」（写真：Wikimedia by Leaflet）、③ブルジュ・ハリーファ（写真：flickr by Nicolas Lannuzel）

ナル・タワー」（二一六メートル、一九二八年）（図2-21①）、ミルウォーキーの「ウィスコンシン・タワー」（八七メートル、一九二九〜三〇年[79]）、エル・パソの「バセット・タワー」（一一四メートル、一九三〇年[80]）、サンアントニオの「スミス・ヤング・タワー（現、タワー・ライフ・ビル）」（一二三メートル、一九二九年）（図2-21②[81]）、シンシナティの「カリュー・タワー」（一七五メートル、一九二七〜三一年[82]）である。フォート・ウェインの「リンカーン・タワー」（九五メートル、一九三〇年）は、町はおろかインディアナ州で最も高い建物として誕生し、アクロンの「ファーストメリット・タワー」（一〇一メートル、一九三一年）は今なお町で最も高い建物だ。

　文明の進歩をテーマにしたイタリア未来派の画家フォルトゥナート・デペロが、ニューヨークの景観から着想した絵画《高層ビルとトンネル》を描いたのも一九三〇年である。不思議なことに当時のニューヨークのビルは建設時、町一番どころか世界一の高さを記録していたのに、タワーの語はあまり使われておらず、もっぱら「ビルディング」という命名が好まれていた。ニューヨークの超高層ビルに「タワー」の付いたネーミングが主流となるのは一九七〇年以降である。しかしビル部門の世界一争奪戦では、シカゴの「シアーズ・タワー（現、ウィリス・タワー）」（四四二メートル、アンテナを含めると五二七メートル、一九七三年）が世界最高峰となり、その記録は「台北１０１」建設まで守られていた。

かつて日本には「百尺規制」（高さ三一メートルを超える建物は不可）があり、東京では皇居を見下ろすことがタブーとされているため、一九六三年に建築基準法が改正されるまで、高層建築が建てられず、いまだに超高層ビルが多いとはいえないのが現状である。日本最初の超高層ビルとされる「霞が関ビルディング」（一四七メートル、一九六八年）も横幅がマッシヴで塔状でないので、タワーと命名するにはほど遠いデザインだ。一方、黒川紀章の「中銀カプセルタワー」（一九七二年）（図2-19④）は、今は両隣の高層ビルに埋もれてしまっているが、建設当時は周りに建物が少なく、文字どおりタワーのように見えた。メタボリズム建築の理念を結晶化させた代表作で、建築は細胞分裂のごとく増殖するという理念に沿い、ワンユニット（細胞）ごとに「新陳代謝」ができる。すなわち古くなれば新しいものに交換もできれば、時とともに「成長」もする。つまり必要に応じてユニット単位に付け足しができ、垂直方向にさらに高く伸びてゆく可能性も秘めていた。日本でタワーと名付けられた超高層ビルが増えるのは、一九九〇年代以降である。バブル期の一九八九年に、八四〇メートルの細い長い円錐形の超々高層ビル「東京ミレニアム・タワー」（ノーマン・フォスター設計、大林組の施工、二〇〇九年完成予定だったが実現せず）の計画案もあり、二〇一四年完成予定の「あべのハルカス」以前の日本で最も高いビルも、「横浜ランドマークタワー」（二九六メートル、一九九三年）と、タワーの名が付いている。

現在世界最高峰の高層ビルである、ドバイにある一六〇階建ての「ブルジュ・ハリーファ」（八二九メートル、二〇一〇年）（図2-21③）も、「ブルジュ」はアラビア語で「塔」を意味するので、「ハリーファ・タワー」というネーミングである。これも将来クウェートの「ナキール・タワー」（一四〇〇メートル、二〇一六年？）に越される予定であったが、その完成はドバイ・ショックによる経済的問題のため未定となっている。

---

25 なお尖塔はイタリア語で「グーリア guglia（ピラミッド状の堅牢な部位）」、フランス語で「フレッシュ flèche（矢、矢印）」である。飾り用の小尖塔「ピナクル pinnacle」の語源は「山の頂上」、古フランス語で「頂点」を意味する。

26 現在の高さは八三メートルである。

27 Goethe, Johann Wolfgang von, *Berliner Ausgabe. Kunsttheoretische Schriften und Übersetzungen*, Band 19, Berlin, 1960.

28 この本はプロイセン王フリードリヒ・ヴィルヘルムⅣ世に捧げられた。Boisserée, Sulpiz, *Geschichte und Beschreibung des Doms von Köln*, 2. Ausgabe, München, 1842.

29 弟メルヒオール（一七八六〜一八五一）も美術収集家である。

30 *Galignani's Paris guide: or, Stranger's Companion through the French Metropolis*, 10th ed., Paris–Calais–London, 1822, p.5.

31 Joanne, Adolphe, *The Diamond Guide for the Stranger in Paris*, Paris–London, 1867, p.122.

32 シカゴに一九二四年に建った「シカゴ・テンプル・ビルディング」（一七三メートル）は、メソジスト教会の入った高層オフィスビルで、頂上にはゴシック教会の尖塔が付いており、ウルム大聖堂を越えた世界で最も高い教会ともいえる。

33 ツインタワーの片方のタワーには、アンテナが聳えているのでそれも含めた高さは五二八メートルとなる。

34 Pugin, Augustus, *An Apology for the Rivival of Christian Architecture in England*, Edinburgh, 1895.

35 二〇一二年、エリザベスⅡ世の在位六十周年を記念して「ビッグ・ベン」は「エリザベス・タワー」と改称された。

36 ヘルマン・フリードリヒ・ヴェーゼマン設計。

37 マルティン・ハラー他六名の建築家による設計。

38 ここで使われる言葉「鐘楼」とはフランス語 beffrois（ベフロワ）、英語 belfly（ベルフライ）、ドイツ語 Belfried（ベルフリート）、イタリア語 campanile（カンパニーレ）である。

39 一九九九年に「フランドルとワロン地方の鐘楼群」として三二件の鐘楼を登録したものを拡張して改名したもの。

40 市庁舎建築と関係ない普通の鐘楼で、世界遺産「ベルギーとフランスの鐘楼群」に登録され、なかでも特にタワー感があるのは、ゲント（一一八メートル、一四世紀）、モンス（八七メートル、一六六九年）、トゥルネー（七二メートル、一二～一八世紀）、エール＝スール＝ラ＝リ（五八メートル、一七一七年、第一次大戦後に再建）、アントワープ（一二三メートル、一五一八年）、ベルグ（五四メートル、一二四〇年、第二次大戦後に再建）、カンブレ（六二・五メートル、一四七四年）である。

41 エミール・デュビュイッソン設計による赤レンガとコンクリート造のアール・デコ様式。

42 第一次大戦で破壊された一六二三年の建物を同じように再建したもの。

43 寺田生子・渡辺美紀『レヒネル・エデンの建築深訪』彰国社、一九九五年。

44 実現したのは、ラーング・アドルフ設計のネオ・バロック様式の建物だが、やはり高い時計塔は付いている。

45 塔屋部分は一九六九年に撤去された。

46 デュドックの設計したフェルセンの市庁舎（一九六五年）にも高い塔が聳えている。

47 *Illustrated Description of Philadelphia's New City Hall. The largest and grandest structure in the World*, Philadelphia, 1901.

48 再建前の建物（一八七七～八六年、一九一六年に焼失）もフランスの市庁舎建築のような塔屋の付いたものだった。

49 例えば、マサチューセッツ州スプリングフィールドのハンプデン郡庁舎（一八七一年）、ニューヨーク州オールバニの市役所（一八八〇年）、ペンシルヴェニア州ピッツバーグのアレゲニー郡庁舎（一八八三年）。

50 一七一三年に建てられた旧州会議事堂は「キャピトル型」ではないが、建物中央に塔が突出したジョージアン様式である。

51 ランシングにあり、州庁舎建築を得意とするイライジャ・マイヤーズ（一八三二～一九〇九）の設計。ランシングに遷都する以前は、デトロイトが州都で、そのときの州庁舎（一八三三年）も塔が中央に突出したジョージアン様式の意匠であった。

52 スプリングフィールドにあり、五代目の州会議事堂である。旧州会議事堂（一八三九年）は、グリーク・リヴァイヴァル様式で、ドーム部分が古代の円形神殿風であるが、キャピトル型の先駆的なデザインである。

53 インディアナポリスにあり、三代目の州会議事堂（一八三五年）はパルテノン神殿を模した建物の中央に、バロック様式の教会のドームのような塔が突出している。

54 三代目の州会議事堂で、一方初代の州会議事堂は、ネオ・パッラーディオ様式で、ペディメントのあるファサードで建物の中央から八角形ドームが突出している。

55 鈴木博之『日本の〈地霊（ゲニウス・ロキ）〉』講談社現代新書、一九九九年、一三頁。

56 清水組（現、清水建設）の二代目棟梁、清水喜助の設計。一八七二年の銀座大火で焼失した。

57 第五回内国勧業博覧会の用地買収によって、一九〇三年に解体。

58 「辰野式ルネッサンス様式」とは、東京駅の建築家として知られる辰野金吾（一八五四～一九一九）が好んで使った赤レンガと白色花崗岩で横縞にした装飾デザインで、イギリスのクイーン・アン様式に似た彼独自のネオ・ルネッサンス様式。同時代の建築家にも大きな影響を与えた。八角形の塔屋がある北九州市の旧大阪商船の建物（一九一七年）も辰野式ルネッサンス様式だが、ここでは赤レンガではなくオレンジ色のタイルと型枠コンクリートで白い部分をつくっている。

59 大丸心斎橋店や山の上ホテルのアメリカン・ゴシック様式の塔屋は、ミシガン大学の時計塔「バートン記念塔」（六五メートル、一九三六年）によく似ている。

60 スコットは、イギリスの植民地だったインドのムンバイ大学の「ラジャバイ時計塔」（八五メートル）も設計している。

61 イタリア風建築を得意としたアシュトン・ウェッブ（一八四九～一九三〇）とイングレス・ベル（一八三七～一九一四）が設計。

62 塔の名前は、出資者である銀行家の妻ジェイン・サザーに由来する。

63 先立つ一九一八年に建った立教大学本館（マーフィン&ダナ設計）にも時計塔があるが、小ぶりな双頭の塔で、まだ東大の安田講堂以後に流行した高く一本聳えたモニュメンタルなタイプではなかった。左右の高さが異なるのは、関東大震災で崩れて高さを補修しなかったため。

64 現、先端科学技術研究センター一三号館。

65 武田五一は、一九一六年に建った大阪朝日新聞社（現存せず）の設計にも携わっており、このアール・ヌーヴォー様式の建物にも時計塔を設けていた。

66 一橋大学には、塔とよばれるほど高くはないが、東二号館の中央に付いた時計部分が突出している。設計はどちらも伊東忠太でネオ・ロマネスク様式である。

67 鈴木博之『東京の「地霊（ゲニウス・ロキ）」』文春文庫、一九九八年、二二〇頁。

68 設計した建築家アーサー・ブラウンは、サンフランシスコの「コイト・タワー」（六四メートル、一九三三年）も建てている。

69 バンクサイド発電所（現、テート・モダン・アート・ギャラリー）（九九メートル、一九六〇年）とバッタシー発電所（一一三メートル、一九三三年）。

70 ただしよく知られている塔でも、ピサの斜塔（五六メートル）やボローニャのアジネッリの塔（九七メートル）は傾いているので、高層タワーのデザインのモチーフには選ばれなかった。

71 これはカナディアン・パシフィック鉄道路線の駅として建設されたが、一九三〇年に廃線となったので、現在は駅舎ではなくリキュール会社が入っている。

72 現在はマリオット・カスタム・ハウス・ホテル。

73 ファシスト党支部は色々な呼称がある。ファッショの家 Casa del fascio、リットリアの家 Casa Littoria、リットリオの家 Casa del Littorio、リットリオ宮・館 Palazzo del Littorio などとよばれる。リットリオ（リットリア）とは、古代ローマ時代の要人警護官リクトルの形容詞の男性（女性）形である。リクトルが常にもっていた武具ファスケスをイタリア語でファッショといい、ファシズムの語源となった。

74 近年は酒造会社のブランカが経営しているため、「ブランカ・タワー」と改名された。

75 現在は「農夫の塔 Boerentoren」とよばれている。

76 ヴィルールバンヌの市役所（六五メートル、一九三四年）も高い塔が中心に聳えたデザインである。

77 現、ラディソン・ロイヤル・ホテル。

78 ネオ・ゴシック建築で、四角柱のビルの上に八角柱の塔が組み合わさった垂直性の強いデザインである。シカゴ一の高さは記録しなかったが、建設コンペで有名なシカゴの新聞社ビルの名も「トリビューン・タワー」（一四一メートル、一九二五年）でネオ・ゴシック様式である。一九二二年にコンペが行われ、一等入選はネオ・ゴシック様式のジョン・ミード・ハウエルとレイモンド・フッドのデザインだった。この設計競技には、海外からも多くの有名建築家が参加した。二等入賞は、フィンランドのエリエル・サーリネンであったが、彼のデザインもネオ・ゴシック様式で、当時アメリカで最も好まれていたのがその理由である。アドルフ・ロースはドーリス柱を巨大化させたユニークな案、ブルーノ・タウトらは、ガラス窓を格子にした斬新なカテドラルのような正四角柱と正四角錐を組み合わせたような意匠、ヴァルター・グロピウスらはバウハウスらしいコンポジションを生かした合理主義建築、イタリアの建築家サヴェリオ・グアルディは、凱旋門などの古代ローマ建築をコラージュさせた奇抜ながらもイタリア国家統一後の愛国的な懐古趣味、このように当時のアメリカが求めた流行と外れたデザインは落選した。

79 とはいえ当時ミルウォーキーで最も高かったのは、一八九五年に建った市庁舎付属の時計塔だった。ヘンリー・コック設計のミルウォーキー市庁舎は、ドイツ風ネオ・ルネッサンス様式で、ハンブルク市庁舎を参考にしたものである。

80 ただし数か月後にヒルトン初の高層ホテル（一九六三年よりプラザ・ホテル）（一二一メートル、一九三〇年）に越された。

81 現、タワー・ライフ・ビルディング。外壁が煉瓦装、八角形の平面プランで、高層部で幅がもう二段階狭まってゆき、とんがり屋根を被っているなど、浅草の凌雲閣によく似たデザインである。

82 カリユー・タワーは二〇一〇年のグレート・アメリカン・タワーの完成まで、シンシナティ一の高さの記録を保持していた。

第三章 世界一の高さへの挑戦と展望塔ブーム

世界で最も高い建物比較図（ダイアグラム）の発生

世界で最も高い建物であることを、紙一枚で示すには、世界の高層建築を同じスケールで一堂に集めて描けば一目瞭然だ。世界最高層ブルジュ・ハリーファや東京スカイツリーなどともに、いくつか有名な高層建築を一列に並べ、それらの高さを比較した図（ダイアグラム）は、今ではよく見かけるが、これが初めて頻出するようになるのは、エッフェル塔建設の少し前、一九世紀後半からである。おそらくそのきっかけとなったのは、フランスの工科大学《エコール・ポリテクニック》教授ジャン＝ニコラ＝ルイ・デュラン（一七六〇～一八三四）が、建築学生教育のために著した『古代と近代の特筆すべき建築物の比較と集積』（一八〇〇年）であろう（図3-1）。この本は、歴史上のあらゆる有名建築を同スケールで、それらの平面図と立面図を集めた図面集であり、高層建築だけに限らないが、ピラミッドや大聖堂といった高層建築が大半を占めていた[83]。

一八三八年には、高さ比べのダイアグラムの先駆けともいえるような、高層建物ばかりを集成させた水彩画も描かれた。その題名は《クリストファー・レンへのオマージュ》というもので、一六六六年の大火後のロンドン復興を担った建築家クリストファー・レン（一六三二〜一七二三）が、セント・ポール大聖堂も含めてロンドンに建てた五五件の建物を一堂に収めた絵である。

ゴシック様式の旧セント・ポール大聖堂の尖塔（一四九メートル、一二四〇年）（図3-2[84]）は、完

図3-1　デュラン『古代と近代の特筆すべき建築物の比較と集積』（1800年）の表紙

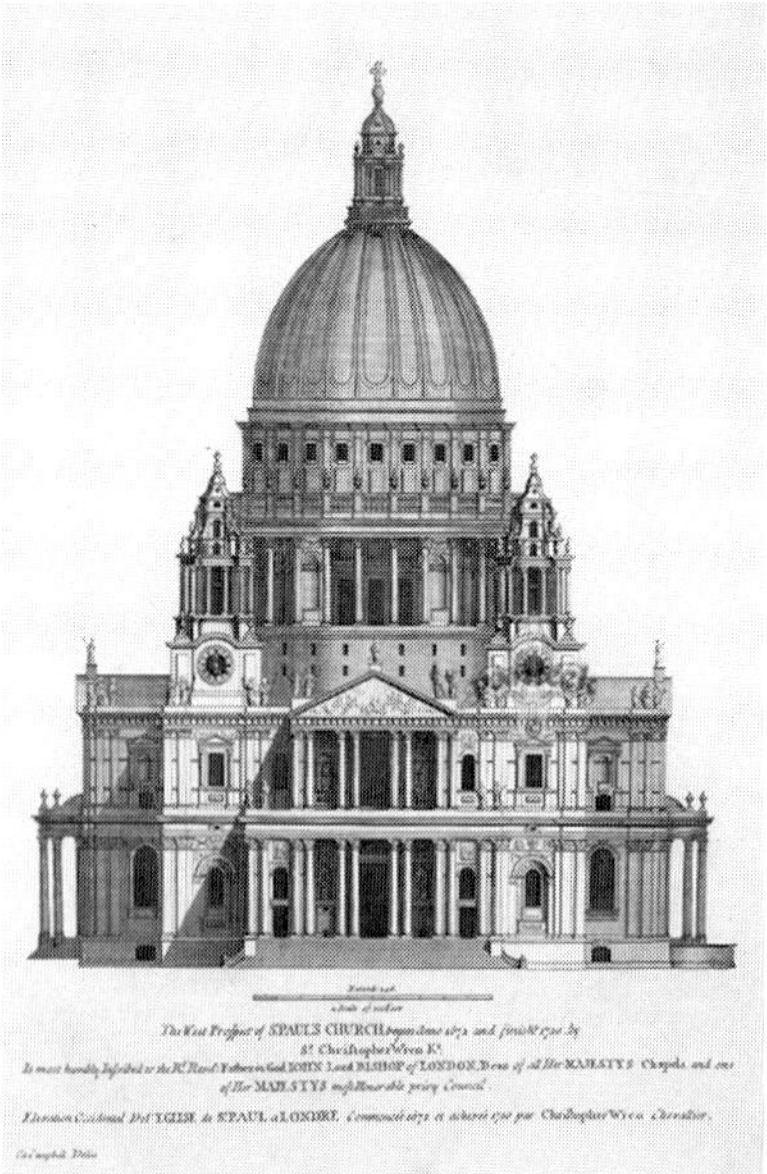

図3-2　『ウィトルウィウス・ブリタニクス』（1715年）で紹介された新セント・ポール大聖堂

成時からロンドン大火での焼失まで、町で最も高い建物だった。一方レンの設計した「新セント・ポール大聖堂」（一一一メートル、一七一〇年）は、ローマのサン・ピエトロ大聖堂を模した古典主義的なバロック建築のため、ゴシック尖塔をもつ旧寺院の高さを超えなかったが、再び町一番の高さとなり、一九六二年の「郵便局タワー（現、BTタワー）」（一七七メートル）の建設まで、ロンドン一高い建物の地位を守っていた。

《クリストファー・レンへのオマージュ》に描かれたレンの建物のほとんどは教会建築で[85]、うず高く聳えた尖塔や鐘楼部分が、セント・ポール大聖堂を中心にひしめき合い、高さ競争をしているようで摩天楼を思わせる。これを描いたのは、英国建築界の重鎮ロバート・コッカレル（一七八八〜一八六三）である[86]。コッカレルはさらに一八四八年に《建築教授の夢》（図3-3①）と題する有名な水彩画を描いている。これは百件近くの世界の名建築が、同スケールで層を成して密集した幻惑的な絵である。高層建築だけでなく、ギリシャ神殿、エジプト神殿、コロッセオやパンテオンなど、歴代の有名建築も一挙一堂に一枚に収め、そのラインナップもコンセプトも先に述べたデュランの名建築集成図面集と似ており、建築教授らしい教育的なものである。最も高いエジプトのピラミッドが、高さの頂点として一番奥に描かれ、その前にはケルンの大聖堂、ローマのサン・ピエトロ大聖堂、コロッセオ、ロンドンのセント・ポール大聖堂、ヴェネツィア・サン・マルコ広場の鐘楼、フィレンツェの鐘楼などの高層建築も一緒に描かれている。コッカレルの死後、一八八〇年代に普及版画版《最も有名な建築群》も出版された。ここではいくつかの建物を除外し位置も並べ換え、万博会場クリスタル・パレス、ヴィクトリア&アルバート美術館といったロンドンの近代建築も新たに加え、選

図3-3 ①コッカレル《建築教授の夢》（1848年、王立美術アカデミー蔵）、②古い世界の主な高層建築のダイアグラム（1885年の版画）

ばれた七七件の建物が何かわかるように番号と建物名のリストも付き、これは世界の高層建築の比較図《ダイアグラム》の原点となった。

一八八五年、アメリカのワシントン・モニュメント（一七三メートル）が完成すると、このダイアグラムに、七八番目の最高層の建物として、ワシントン・モニュメントを頂点に描き加え、ジョージ・クラム（一八四二～一九二八）が版画《古い世界の主な高層建築のダイアグラム》（図3-3②）と題して出版した。

一八八九年、エッフェル塔が完成すると、すぐさま世界の高層建築の比較図《ダイアグラム》は描き替えられ、エッフェル塔がその頂点に君臨した。エッフェル塔の両隣りには、ノートルダム大聖堂、自由の女神、凱旋門、記念柱などが描かれ高さ比較がされた。新聞・雑誌上では、エッフェル塔を高さの頂点とする数々のダイアグラムが掲載され、観光用訪問記念メダルにも世界の高層建築群と並ぶエッフェル塔がデザインされた（図3-4）。

一八九六年、アメリカでは、エッフェル塔とワシントン・モニュメントを中心に配置し、フィラデルフィア市庁舎や自由の女神など、アメリカの近代建築を多めに盛り込んで世界の五〇件の高層建築を描いたダイアグラムの版画《世界の重要な高層建築群》が出版された（図3-5）。

高さ比べ図《ダイアグラム》は建物だけでなく、世界の高い山々を一枚の版画に収めたもの、つまり高い山々を同時に比較するダイアグラムもあり、それらは同じ頃に発生している。一九世紀半ばに巻き起こったスイス観光・アルプス登山ブームの時期とも重なっていて、高さ比べ図《ダイアグラム》は、高層の建築と高山の両方の「高峰ブーム」の起こった時代の産物だった。

図3-4　エッフェル塔を頂点に主な高層建築と比較するダイアグラムの刻まれた開業記念メダル

図3-5　アメリカと世界の重要な高層建築群（1896年の版画）

エッフェル塔が変えた世界一の高さ戦争

エッフェル塔は、世界の建物の高さ競争を一掃させてしまうほど高かった。もはやエッフェル塔を越すのはあまりに困難なので、高さ競争は部門ごとに分けなければ成り立たなくなった。前章で述べたように、ドイツは「ゴシック教会部門」で苦戦しながらも勝ち残り、アメリカは「高層ビル部門」で圧勝するようになった。地味ながらもイタリアも高さ戦争に参戦していたのか、エッフェル塔の完成と同年、トリノの記念碑的建造物「モーレ・アントネッリアーナ」（一八六三〜八九年）を一六三メートルの高さで完成させている（図3-6）。頂上に置かれた天使像も含めれば全長一六七・五メートルになったが、像は一九〇四年の豪雨で倒れてしまった。モーレ・アントネッリアーナは、もともとシナゴーグとして設計されていたが、イタリア統一を記念して初代国王ヴィットリオ・エマヌエーレⅡ世に捧げる記念碑にするため高層化された。イタリア語で「モーレ」とは「巨大建築」、「アントネッリアーナ」は建築家の名アレッサンドロ・アントネッリ（一七九八〜一八八八）の苗字「アントネッリの」という意味である。当初建物は、愛国的なイタリア統一運動《リソルジメント》博物館として使われていたが、ファシズム期に移転した。一九六四年、クーポラの上部にあるギリシャ神殿風の階で、イタリア初の観光用エレベーター付き展望台が開業したが、近年より映画博物館になっている。建設当時のモーレ・アントネッリアーナは、エッフェル塔、ワシントン・モニュメントに次いで世界第三位の高層建築の座を確保した。世界一高いドイツの教会、ウルムの大聖堂（一六一・五メートル）は、世界で四番目に高い建物となった。二〇世紀初頭、ウルムの大聖堂の全景を写した観光絵葉書には、必ず「世界で最も高い教会」とキャプションが付き、ときには高さを強調させるため、上空に鳥がコラージュされた（第二章参照）。

ドイツは普仏戦争でフランスに勝利したものの、エッフェル塔で高さ競争に負けた口惜しさは相当のものだったようだ。ウルムの大聖堂でもって「教会部門」で勝っても満足できず、後述するビスマルク塔などの展望塔の「数の多さ」で勝負に出たかのようだった。しかしどれも伝統的な石造建築なので、鉄を使った先進技術で勝負に挑んだのが、「鉄橋部門」であった。ドイツは一八九七年、ドイツ一高い鉄橋を実現させた。高さ一〇七メートル、スパン一七〇メートル、全長四六五メートルというヴッパー川に架かったミュングステンの鉄橋である。ドイツの威厳を辱めたエッフェル塔の生みの親、ギュスターヴ・エッフェルは、もともと鉄橋の設計で名を馳せていた。鉄橋の勝負どころはスパン（最大支間長）、全長、高さであるが、エッフェルの代表作であるポルトガルのポルトのドウロ川に架かるマリア・ピア橋を、ミュングステン橋はいずれにおいても優に凌駕した。当時は「皇帝ヴィルヘルム橋」と命名され、国家威信の象徴になった。この橋と他の高層建築と比

図3-6　モーレ・アントネッリアーナ（20世紀初頭の観光絵葉書）

図3-7　ドイツ・ミュングステンの鉄橋（20世紀初頭の観光絵葉書）

図3-8　ニューヨーク・パークロウ近辺のオフィスビル街（20世紀初頭の観光絵葉書）

較したダイアグラムも作成されたが、ケルンの大聖堂を頂点にし、エッフェル塔は除外された。当時の絵葉書には、ミュングステンの鉄橋はドイツ一の高さというキャプションとともにツェッペリン飛行船が浮遊し、両者の最先端技術が強調された（図3-7）。

エッフェル塔は、電波塔で展望塔という特殊な用途の鉄塔であり、人間の住空間ではない。次に行われた高さ競争は、エッフェル塔とワシントン・モニュメントを除外し、石造の公共建物でという条件下となった。そこで世界一高い建物の座を勝ち取ったのは、アメリカのオフィスビル群だった。特に「新聞社」と「保険会社」が、高層の自社ビルを次々と建てていった。その主な舞台は一八七〇年代のニューヨークで、新聞社屋やオフィスの集まるパークロウ近辺である（図3-8）。例えば「ニューヨーク・トリビューン」社のビル（七九メートル、一八七五年）は、付随する時計塔部分で高くした。「ザ・ニューヨーク・ワールド新聞」社ビル（九四メートル、一八九〇年）は、キャピトル型（第二章参照）を高層ビル化させた意匠で、建設時は世界一高いオフィスビルだったが、どちらも第二次大戦後に解体され現存しない。

世界初の高層オフィスビルといわれているのは、二棟の保険会社の自社ビルで、ニューヨークの「エクイタブル生命保険ビル」（四〇メートル、一八七〇年、一九一二年に焼失）と、シカゴの「ホーム保険ビル」（四二メートル、一八八四年、一九三一年に解体）である。「エクイタブル生命保険ビル」は、オフィスビルでは世界で初めてエレベーター（オーティス社製）を導入した。それまでエレベーターは高級ホテルにしか普及していなかった。

高さ記録に挑戦した保険会社のビルといえば、ニューヨークの「マンハッタン生命保険ビル」（一〇六メートル、一八九四年、一九六三年に解体）（図3-9）で、建設当時はニューヨーク一の高さとなった。一八九九年、パークロウにある建設会社のビル「パークロウ・ビル」（一一九メートル）が記録を越し、一九〇九年、ヴェネツィアにある鐘楼を模した「メトロポリタン生命保険ビル」（第二章参照）が世界一高いビルの座に君臨した。

前章で、時計塔や塔屋の付属する公共建築には、市庁舎、裁判所、議会堂など、国家権力的な建物が多いことを見てきたが、民間の建物では、経済力の強い会社の自社ビルに時計塔や塔屋を付けることが流行した。たいていの場合、それは保険会社の建物だった。つまり一九世紀末から二〇世紀初頭まで、保険会社ビルといえば塔が付いているものだった。ブダペストの「フォンシエーレ・ペスト保険会社」の建物（一八七九年）は、イタリア風ネオ・ルネッサンス様式で、角にはバロック教会のようなドームが高く聳えていた[87]。マンチェスターのリフュージュ保険会社（現、パラス・ホテル）（一八九五年）にもネオ・バロック様式の高い時計塔が付いている。ブダペストの「ニューヨーク生命保険会社」（一八九四年）もネオ・バロック様式の尖塔が聳えている。リヴァプールにあるアール・ヌーヴォー様式の「ロイヤル・リヴァー保険ビル」（九八メートル、一九一一年）（図3-10）は、両脇の中央にそれぞれ同じ高さでデザインの時計塔が聳え、イギリス一高いビルとなった。フィラデルフィアの「相互共済生命保険ビル」（一九二六年）では、新古典主義の建物中央にアレクサンドリアの灯台を思わせる時計塔が聳えている。一九二〇〜三〇年代、オーストラリアとニュージーランドに展開する「T＆G相互生命保険会社」も、通りの四つ角に面して塔屋を聳えさせたビルを各地に建ててゆき、ニュージーランドのウェリントンにある「相互生命・市民保険会社ビル」（一九四〇年）の四つ角にも時計塔が突き出している。

図3-9　ニューヨークの「マンハッタン生命保険ビル」（当時の版画）

図3-10　リヴァプールのロイヤル・リヴァー保険ビル（写真：flickr by anpalacios）

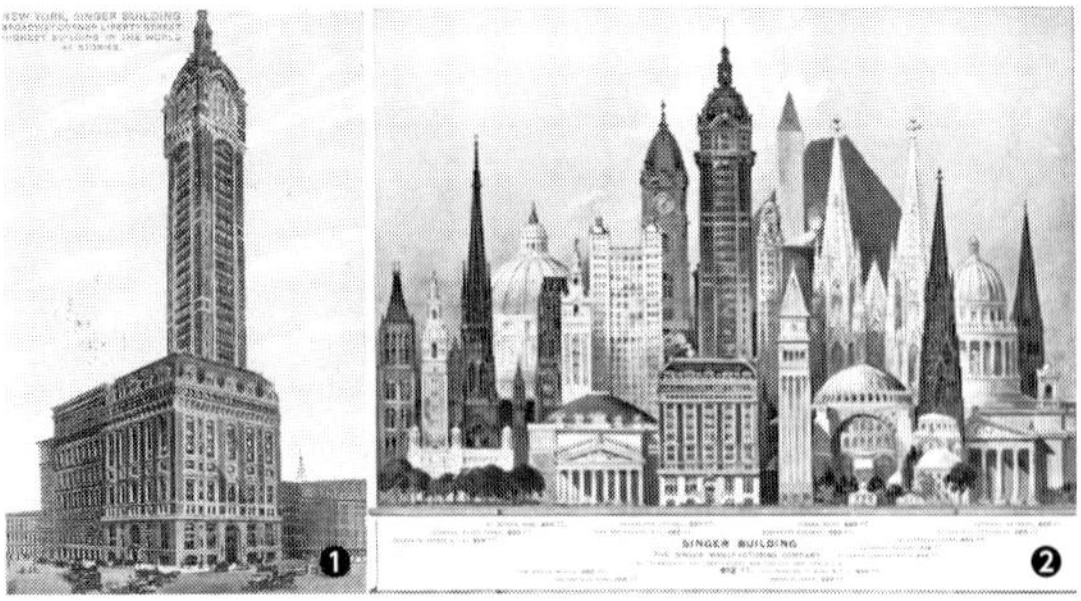

図3-11　①建設時世界一の高さを誇ったシンガー・ビル（20世紀初頭の観光絵葉書）、②シンガー・ビルと高層建築のダイアグラム（Otto Francis Semsch, *A History of the Singer Building Construction*, New York, 1908より）

世界で最も高かったニューヨークの摩天楼

一九〇八年、ニューヨークにあるミシン製造会社の「シンガー・ビル」（一八七メートル）（図3-11①）[88] 完成を皮切りに、世界一の高さ競争の檜舞台はニューヨークの独壇場となった。奇しくも同年、実現しなかったが、スペインの建築家アントニ・ガウディもニューヨークに、なんと三六〇メートルもの高さのビル「ホテル・アトラクション」を設計していた。

建築家アーネスト・フラッグの設計したシンガー・ビルは、多くのニューヨークの高層ビルが採用したボザール様式（フランス風ネオ・ルネッサンスとバロックの混じった様式）である。シンガー・ビル建設時の紹介本には、シンガー・ビルを頂点として、他の高層建築と高さ比べをしたダイアグラムが挿入され、世界一の高さであることが示された（図3-11②）[89]。当時のニューヨークの観光絵葉書は、すぐさま新築の高層ビルを題材にし、そのキャプションに

図3-12　①メトロポリタン生命保険会社ビル（20世紀初頭の観光絵葉書）、②ウールワース・ビル（20世紀初頭の観光絵葉書）、③クライスラー・ビル（1930年代の観光絵葉書）、④エンパイア・ステート・ビル（1930年代の観光絵葉書）

はしばしば「世界で最も高いビル」とその階数とともに書かれた。世界最高峰は年々更新され、翌年建ったハーヴェイ・ウィリー・コーベット設計の「メトロポリタン生命保険会社ビル」（二一三メートル、一九〇九年）によってその記録は塗り替えられた（図3-12①）。次に登場した世界一高いビルもニューヨークで、それは四年後に完成した小売業で財を成したウールワース社のオフィス「ウールワース・ビル」（二四一メートル、一九一三年）だった（図3-12②）。このビルには、高速エレベーターが導入され、最上階は展望室として一九四五年まで観光客に開放していた。建築家キャス・ギルバートによるゴシック大聖堂を髣髴《ほうふつ》とさせるネオ・ゴシック様式の外観と内装によって「商業の大聖堂」ともよばれていた[90]。

　第一次世界大戦が起こり、戦後しばらくは高さ世界一の更新は停滞していたが、一九三〇年四月、ウォール街の「マンハッタン信用銀行ビル（通称ウォール・タワー）」（二八三メートル[91]）が、世界で最も高い建物となった。新古典主義様式にヴェネツィアのサン・マルコ広場の鐘楼のような屋根を載せたデザイン（第二章参照）は、建築家クレイグ・セヴェレンスによる。しかしわずか一か月後には、「クライスラー・ビル」（三一九メートル、一九三〇年）（図3-12③）にトップの座を譲ることとなった。自動車会社クライスラーのオフィスビルで、アール・デコ様式の優雅な外観と内装は、建築家ウィリアム・ヴァン・アレンによる。建物本体は二八二メートルであるが、アンテナ部分を足すことによって、三〇〇メートルのエッフェル塔を更新することにも成功し、文字どおり世界最高峰の座を獲得した。ゴシック聖堂のガーゴイルのごとく、クライスラー社の翼の形をしたラジエーターキャップの特大レプリカが四隅に取り付けられ、三日月型を層にして積み上げたような意匠の尖塔は、ゴシック装飾がないのにゴシック的だ。

　しかしこのクライスラー・ビルもすぐ翌年、「エンパイア・ステート・ビル」（四四三メートル、一九三一年）（図3-12④）に、世界で最も高い建物の座を引き渡さざるを得なかった。建築家ユニット、シュリーブ、ラム＆ハーモンの設計による、アール・デコ様式のオフィスビルであるが、八六階と一〇二階に観光客向けの展望台があり、頂上にはアンテナが置かれ電波塔の役割も果たしている。エンパイア・ステート・ビルは、一九七一年に世界貿易《ワールド・トレード》センター・ビルが完成するまで、世界一の地位を保っていたが、これを最後にニューヨークは、世界一の高さ競争の舞台から姿を消す。

「一〇〇〇フィート≒三〇〇メートル」の塔の夢

エッフェル塔は別名「三〇〇メートルの塔」とよばれ、この高さは一九世紀の高さへの挑戦の一つの指標であった。エッフェル塔の建設以前から、他の国でも三〇〇メートル級の塔をつくろうとする構想はあった。英米圏の長さの単位で「一〇〇〇フィート」は、三〇〇メートルより約五メートル高い三〇四・八メートルに相当し、数字としてもわかりやすく大きな節目となる「一〇〇〇フィートの塔」の計画がいくつかあったが、どれも実現しなかった。まずイギリスでは一八三二年の自由主義改革の際、蒸気機関車の発明者リチャード・トレヴィシック（一七七一〜一八三三）が一〇〇〇フィートの「法改正の記念柱」を提案している。この記念柱は、鋳鉄でできた細長い円錐形（下方の直径三〇メートル、上方の直径三・六メートル）でありながら、ギリシャ神殿のような入口も付いた古典主義的なデザインであり、その完成予想図には、高さの比較として、同スケールでロンドンのセント・ポール大聖堂やピラミッドなども一緒に描かれている（図3-13①）[92]。

一八五二年には、建築家チャールズ・バートンが、一八五一年のロンドン博会場として建設されたガラスと鉄骨の巨大な温室「クリスタル・パレス」が、垂直に伸びたようなガラスと鉄骨の一〇〇〇フィートのタワー計画案を『ザ・ビルダー』誌に発表した。その予想図によれば、正方形平面を徐々に小さくしながら、円柱に近づけた多角柱の塔を重ねたデザインで、水彩画のパース図面の背後には、世界の高層の教会建築が描き込まれ、高さ比べ図《ダイアグラム》にもなっている（図3-13②）。

図3-13　①トレヴィシックの「法改正の記念柱」計画案（1832年）、②チャールズ・バートンの1000フィートのタワー計画案（1852年）、③1876年のフィラデルフィア万博のための1000フィートの鉄塔案（1874年）

アメリカでは一八七六年のフィラデルフィア万博のテーマが独立百周年だったので、それを記念して一〇〇〇フィートの鉄塔を建設する計画があった。一八七四年の予想図によれば、鉄骨の骨組みの見えた細長く針のような円錐形で、中心にはエレベーターが設置され、頂上は展望テラスとなっている。この予想図も同時に高さ比べ図《ダイアグラム》にもなっており、背景にはピラミッドや州議会堂のドーム天井など、国内外の高層建築が一緒に描き込まれ、その高さが強調された（図3-13③）[93]。計画は実現しなかったものの、エッフェル塔建設時には強く意識されていた。

民衆画家ユースタス・サリスバリー・フィールド（一八〇五～一九〇〇）は、一八七六年のアメリカ百周年記念祭に誘発され、巨大なカンヴァス（一・八二メートル×三・八九メートル）に《アメリカの共和制の歴史的記念碑》（一八六七～八八年）[94]という空想の都市景観を描いた（図3-14）。記念碑かウェディングケーキか一〇体の高層タワーを密集させ、描き込まれた人物の大

図3-14　ユースタス・サリスバリー・フィールド《アメリカの共和制の歴史的記念碑》（1867-88年、スプリングフィールド博物館）

きさから推定すれば、どれも一〇〇〜一五〇メートル級の高さで、古代ローマ建築を自由な発想で高層化させたバベルの塔のような中心の八体の塔の最上部は鉄道のレールで結ばれ、各塔の外壁にはアメリカ史の名場面を描いたレリーフがある。

　このようにエッフェル塔の完成前、人々は超高層建築へ期待を膨らませていたが、それは常に愛国心と結び付いていた。こうしたエッフェル塔級の高さの建物ともなれば、居住用にする発想はなく、国家の威信を象徴しかつ展望塔も兼ね備えたものというのが一般的だった。

巨像塔

　一八七六年のアメリカ独立百周年を祝い、実現した展望台付きの高層建築といえば、ニューヨークの「自由の女神」（台座を含めて九三メートル）である。正式名称「世界を照らす自由の像」は、自由を擬人化した女性像で、一八八六年に開場、これは世界で最も高い像となった。その頭の冠部分には窓が設けられ、ニューヨークの町が展望できるので巨像塔といってよいだろう。デザインした彫刻家フレデリック・オーギュスト・バルトルディ（一八三四〜一九〇四）は、自著『世界を照らす自由の像』（一八九〇年）で、ヨーロッパにある巨像の高さと比較するダイアグラムを載せており（図3-15）、世界一高くすることを念頭に置いていたようだ。台座なしの像部分だけの高さで比較すると、「自由の女神」は高さが四六メートルで、まず引き合いに出されたのは、イタリアのマジョーレ湖畔

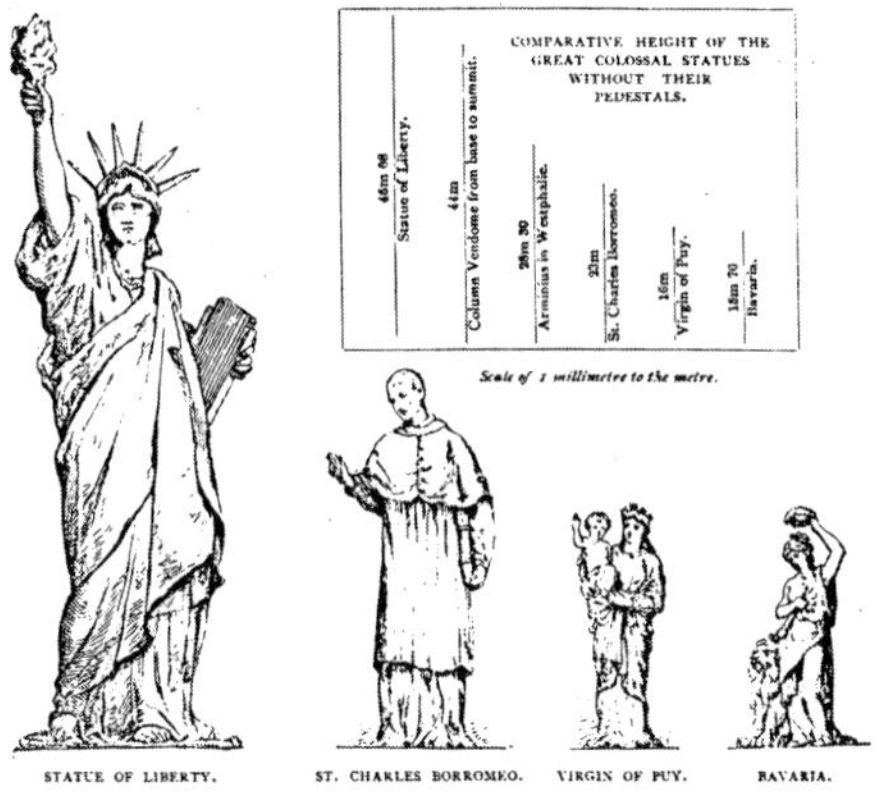

図3-15 「自由の女神」と主な巨像の高さ比較のダイアグラム（Frederic Auguste Bartholdy, *The Statue of Liberty Enlightening the World*, New York, 1890より）

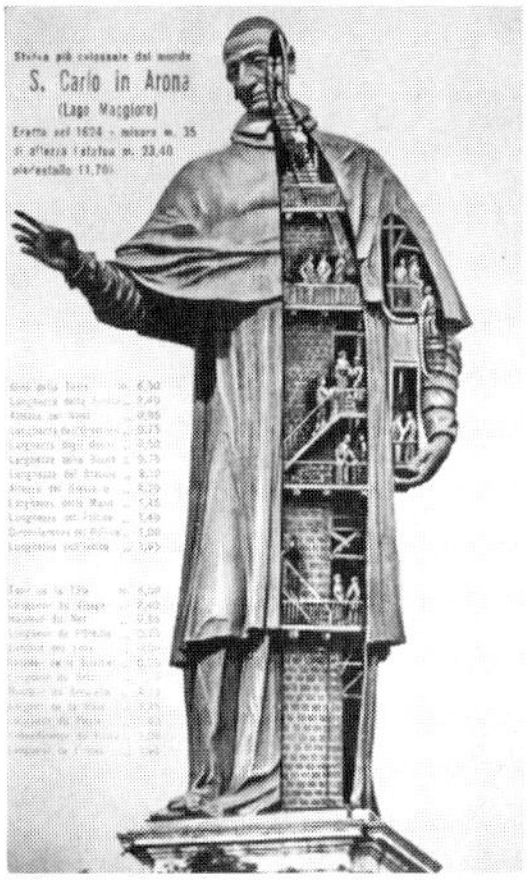

図3-16 アローナのカルロ・ボッロメーオ像（1920年代の観光絵葉書）

の町アローナにある聖人カルロ・ボッロメーオ像（二三メートル、一六九八年）（図3-16）で、台座も含めた全長は三五メートル、中には階段があり、頭部の展望室から湖畔のパノラマを楽しむことができる。これは高層の巨像が展望台も兼任する最も早い例でもある。その次に比較されたフランスのル・ピュイ＝アン・ヴレにある巨大聖母像（一六メートル、一八六〇年）は、一九世紀のフランスで、よく山頂に置かれるようになっていた巨大聖母像の代表例である。その頃フランスではジャンヌ・ダルクや国家を擬人化した女性マリアンヌなどの女性像が、国威発揚モニュメントとして重視されていた。ニューヨークの「自由の女神」の建造も、アメリカ独立を支援したフランスの資金調達により、そのモデルがマリアンヌであり、彫刻家もフランス人であったのはごく自然な流れで、構造設計にはエッフェル社が協力していた。そして最後に引用されたミュンヘンのバヴァリア像（一五・七メートル、一八四四〜五〇年）であるが[95]、ドイツにはカルロ・ボッロメーオ像より高い、トイトブルクの戦いを記念したヘルマンの像（二六メートル、一八三八〜七五年）や、普仏戦争の勝利を記念したリューデスハイムのゲルマニア像（台座を含めて三八メートル、一八七一〜八三年）もすでにあった。だが、バルトルディが巨像の高さ比べ図《ダイアグラム》でこれらの敵国プロイセンの巨像を無視したのは、おそらくフランスへの忠誠心からだろう。

巨像建設は、第二次大戦後にブームが起こった。日本では大仏、巨大な観音像、世界各地には巨大なキリスト像などが建てられ、高さ記録は今も年々更新されている。巨像だけで別の大きなテーマとなってしまうので、ここでは飛び抜けて高かったレーニンの巨像塔について触れるにとどめておく。それは一九三二年の「ソビエト宮殿」のコンペで入選したボリス・イオファン設計による新古典主義の高層建築の上につくられた。高さ一〇〇メートルの巨大レーニン像で、像の台座に相当する超高層ビルとレーニン像を合わせた高さは四一五メートルにも及び、もし実現していれば世界一高い建物だった。

ビスマルク塔

一八七一年のドイツ帝国誕生後、初代首相ビスマルクを記念し、彼の名を冠した塔が各地に建てられるようになった。「ビスマルク塔 Bismarckturm」あるいは「ビスマルク柱 Bismarcksäule」の建設ブームだが、ビスマルク塔といっても宰相ビスマルクの巨像塔ではない。愛国記念碑を兼ねているものの、見た目は普通の展望塔である。一八六九年から一九三四年の間、ビスマルク塔は二四〇件も建設され、立地は眺望のよい山の上である。最初に建ったのは一八六九年、オーバー＝ヨーゼフドルフで、折衷様式の展望塔のようなビスマルク塔だった。初期のものは石造の見張り塔のような意匠であったり[96]、東屋風であったり[97]、木造骨組みのやぐらのようであったり[98]、エッフェル塔建設後は鉄塔のものができたりと[99]、特に決まった型はなかった。

一八九八年にビスマルクが世を去り、その翌年、ビスマルク塔の雛型《プロトタイプ》を定める設計競技が行われた。建築家ヴィルヘルム・クライス（一八七三〜一九五五）が優勝し、彼は「神々の黄昏」型とよばれるビスマルク塔デザインの雛型《プロトタイプ》をつくった（図3-17①②③）。「神々の黄昏」型のビスマルク塔は、ゲルマン神話を元にしたワーグナーの楽劇四部作『ニーベルングの指環』の最終部「神々の黄昏」を髣髴とさせ、古代ゲルマン的な祭壇をイメージした意匠である。塔の頂上では火が焚けるようになっており、そこは展望台スペースにもなっている。この「神々の黄昏」型のビスマルク塔は、一九一一年までに四七件建てられ、現存しないものもあるが、ほとんどが今も残っている。[100] なかにはシュトゥットガルトのビスマルク塔のように、給水塔に転用された例もある（図3-17③）。「神々の黄昏」型のビスマルク塔は、ドイツが侵略したポーランドにも五件建ったが、ゾブテンのもの（一九〇七年、一五メートル）を除いて、すべて破壊された。[101] フランスにつくられた二件のビスマルク塔ではメスのもの（一九〇二年、一三・五メートル）が残った。[102]

クライスは「神々の黄昏」型を応用したデザインのビスマルク塔もいくつか設計している。このタイプの例として、レーゲンスドルフ（一九〇三年、一三メートル）、円錐コーンのような屋根を付けたアッシュ（一九〇四年、三四メートル）、インゲルハイム（一九一二年、三一メートル）などのものが挙げられる。さらにクライスは、イエナのビスマルク塔のように、イタリアのラヴェンナにある遺跡「テオドリク王の大墳墓」を模したビスマルク塔も設計している。クライスは、古代ローマ時代を古代ゲルマンに通じるものと解釈したのだろう。「テオドリク王の大墳墓」を髣髴とさせるビスマルク塔は、イエナ（一九〇五年、二一メートル）（図3-17⑤）の他（図3-17③）、キッフホイザー（一九〇六年、二一メートル）、ヴァルツハーゲン（一九一三年、二六メートル）、シュテッティン（一九二一年、二五メートル）[103]、ラーデベウル（一九〇七年、一八メートル）、ボーフム（一九一〇年、三四メートル）（図3-17④）にもみられる。

図3-17　①ヴッパータール・バルメンの「神々の黄昏」型ビスマルク塔（1920年代の観光絵葉書）、②チュービンゲンの「神々の黄昏」型ビスマルク塔（写真：Wikimedia by Ramessos）、③シュトゥットガルトの「神々の黄昏」型ビスマルク塔（写真：Wikimedia by MarkGGN）、④⑤「テオドリク王の大墳墓」に似たビスマルク塔（ボーフムとイエナの例）（20世紀初頭の観光絵葉書）、⑥⑦⑧遺跡風のビスマルク塔（ヴェストファリア、クーベルク＝ネッチュカウ、フェルトベルクの例）（20世紀初頭の観光絵葉書）

図3-18　①ケルンのビスマルク塔（20世紀初頭の観光絵葉書）、②アーヒェンのビスマルク塔（20世紀初頭の観光絵葉書）

ビスマルク塔は他にも、遺跡風（図3-17⑥⑦⑧）[104]、ネオ・ゴシック、ネオ・ロマネスク[105]、新古典主義[106]、折衷様式[107]、合理主義的な直線を多用したもの[108]など様々な意匠がある。特異なタイプでは、ゲオルク・フレッツェンの設計したアーヒェンのビスマルク塔（一九〇七年、二七メートル）が挙げられる。階段のカーブに沿って、ビスマルクの頭文字Bをかたどった奇妙な形状の石造で、斜めの梁頂上にはドイツ帝国を象徴する巨大な王冠が置かれている（図3-18②）。ケルンのもの（一九〇三年、二七メートル）は例外的に、ビスマルクの巨像と一体化したデザインである（図3-18①）。

ドイツ山中の展望塔ブーム

ビスマルク塔に限らず、山の上の展望塔は愛国的だ。故郷の大自然の景色を見渡し愛しむことで、愛国心が鼓舞される。自然豊かな標高の高いところに建った展望塔ブームが、ドイツ帝国に巻き起こった。立地の標高がすでに高いので塔自体はそれほど高くなく、エレベーターのない階段のみの塔がほとんどだ。[109]すでに国家アイデンティティの権化となるエッフェル塔をもつフランスでは、このような展望塔の流行はない。一方、ドイツの山の上の展望台は数えきれないほど多い。

ヨーロッパ諸国で愛国意識が芽生えるのはナポレオン侵攻をきっかけにした一九世紀初めである。子供向けと思われがちな『グリム童話集』（一八一二年）は、ドイツの愛国心、アイデンティティを求めて収集されたドイツの古い民話で、時代の産物だった。『グリム童話集』に収められた塔を舞台にした物語「ラプンツェル」では、ラプンツェルという名の美しい少女が、母と偽る老婆によって高い塔に閉じ込められている。ラプンツェルは、塔の高さほどに伸びた長い髪の毛を、窓からロープ替わりに垂らし、老婆のいない隙に訪ねてくる王子の子を身ごもる。ここでの塔が男根の象徴かどうかはさておき、いずれにせよ塔は男性的で、国家権力的なイメージへと連動する。「ラプンツェル」に登場する塔の高さは、時代背景からして中世からルネッサンス期のものであり、髪の長さが二〇エレ（約一一メートル）という記述から、一五メートルと推測できる。そしてちょうどラプンツェルの塔の高さぐらいの展望塔が、ドイツで一九世紀後半から二〇世紀初頭にかけて流行した。

ドイツでは田舎の自然の景色を見渡せる展望塔が、森や丘の山頂に次々と建設されていった。それは、祖国の美しい牧歌的な自然美を認識することで、愛国心に訴える帝国主義思想と見事にマッチしていた。展望塔そのものはたいして高くなくとも、立地が高所なので、三六〇度のパノラマを展望するのに十分だった。石造の中世風の展望塔は、ドイツらしい愛国的な建築様式で、無数に建設されて

図3-19　①中世風の塔を模したドイツの展望塔（フェルトベルクの例）（20世紀初頭の観光絵葉書）、②③④ファンタジー性を加味したドイツ中世風の展望塔（ヴュルツブルク、ニュルンベルク、プフォルツハイムの例）（20世紀初頭の観光絵葉書）

いった（図3-19①[110]）。まさにグリム童話の挿絵にありそうな中世ドイツをモチーフにファンタジー性を加味した塔（図3-19②[111]）や、木造の骨組みの塔[112]、様々な建築様式を混ぜ合わせた塔（図3-20①②[113]）、など、多様な意匠の展望塔が建設された。

エッフェル塔を意識した鉄塔の展望塔もできた（図3-21①②③[114]）が、高さでは勝負できないので、形状工夫が凝らされていた。「ヨーゼフの十字」（三八メートル、一八九六年）とよばれる十字架型の展望塔もその一つで[115]、塔の足もとにはカフェが設置された（図3-22①）。明らかにエッフェル塔を意識したレース飾りのような鉄の十字架で、イタリアのアミアータ山上（シエナ）にも、一九一〇年に鉄の巨大な十字架がつくられている（図3-22②）。

ドイツの展望塔ブームは、高さで敵わぬエッフェル塔に、数で勝負したかのようであった。ドイツの展望塔が愛国的であることの証拠に、いくつかの展望塔には、国王の名が冠せられた。初代ドイツ帝国皇帝ヴィルヘルムI世と、二代目皇帝フリードリヒ・ヴィルヘルムⅢ世の名が主で、この二人の皇帝は一八八八年に、ビスマルクは翌一八八九年に世を去った。奇しくもエッフェル塔建設と同年であり、ドイツの愛国的モニュメントタワーは、王とビスマルクの名が付けられ数の多さでの勝負となったのは想像に難くない。

図3-20　①アルトファートの折衷様式の展望塔、②ブレーメンの折衷様式の展望塔（20世紀初頭の観光絵葉書）

ビスマルク塔ほど多くはないが、「皇帝塔 Kaiser-turm」は数多く建設されている。「ヴィルヘルム皇帝塔」（図3-22③）と命名された展望塔のほとんどが折衷様式の石造で、もちろん立地は自然の景色を眺められる高台に建てられた[116]。例えばラインラント＝プファルツ州で最も高い地点（海抜八一六メートル）のエルベスコプフにも「ヴィルヘルム皇帝塔」がある。一八五四年にレーバウに建設された「王フリードリヒ・アウグスト塔」（二八メートル）（図3-23）は、アラブ的な装飾を鉄骨構造で表した折衷様式の塔で[117]、これによく似たミナレットがパキスタン北部のラホールにある。

デュイスブルクの展望塔（図3-24）には、特に名前は付けられていないが、皇帝ヴィルヘルムの騎

図3-21　①エッフェル塔を意識した鉄塔の展望塔（スイス・リーシュタールの例）（20世紀初頭の観光絵葉書）、②フランス・ミュルーズの展望塔（写真：Wikimedia by Shadow）、③スイス・ユートリベルクの展望塔（20世紀初頭の観光絵葉書）

図3-22　①南ハルツ・シュトルベルクの「ヨーゼフの十字」展望塔（20世紀初頭の観光絵葉書）、②アミアータ山上（シエナ）の鉄の十字架（20世紀初頭の観光絵葉書）、③ヴィルヘルム皇帝塔（バート・シュミーデベルクの例）（20世紀初頭の観光絵葉書）

馬像の真横に建てられていて、展望塔と皇帝像がワンセットになっているので、これも一種の「ヴィルヘルム皇帝塔」と考えられ、ドイツ各地の高台の展望塔は常に、ナショナリズムを高揚させる目的が潜んでいるようだ。

オーストリアでもドイツと同じ現象が起こっていた。例えばハプスブルク皇帝フランツ・ヨーゼフI世の名を冠した展望塔「フランツ・ヨーゼフ塔」が、エルツ山中カイルベルゲで最も高い地点（海抜一二四五メートル）に建てられた。[118] バート・フェスラウには一八八八年に、皇帝の即位四十周年を記念し、「ハプスブルク展望塔」ができた。「ハプスブルク展望塔」はウィーン一九区の丘の上（海抜五四二メートル）にも建った。一八九八年の即位五十周年記念では、鉄塔の「皇帝記念塔」が、ウィーンのオッタークリングの丘の上に建てられた（図3-25）。ハプスブルク・オーストリア＝ハンガリー二重帝国の皇女エリーザベトは、ハンガリー女王でもあり、首都ブダペストのブダ

図3-25　ウィーンのハプスブルク皇帝記念塔（20世紀初頭の観光絵葉書）

図3-23　レーバウの「王フリードリヒ・アウグスト塔」（1920年代の観光絵葉書）

図3-24　デュイスブルクの展望塔と皇帝ヴィルヘルムの騎馬像（20世紀初頭の観光絵葉書）

の丘には、ネオ・ロマネスク様式とアラブ風が織り混ざった意匠の「エリーザベト塔」（一九一一年）という石造の展望台が建った。

古戦場とナイアガラの滝の展望塔——愛国とピクチャレスク

一九世紀、ナショナリズム高揚とともに増加した展望塔は、祖国の美しい風景を愛でることで愛国心を奮い立たせる役割があったが、イタリアでは、ガリバルディや国王、愛国者たちの建国の英雄像の建設ブームがあったため、展望塔ブームは起こらなかった。それでも数少ないイタリアの展望塔の一つであるサン・マルティーノ塔（七四メートル、一八八九年）（図3-26）も、やはり愛国的な記念碑で、オーストリアに勝利した戦いの場デゼンツァーノの近郊に、国王を記念して建ったものだ。

図3-26　サン・マルティーノ塔（20世紀初頭の観光絵葉書）

古戦場に展望塔を建て、古戦場跡を見渡す愛国的なアトラクションは、アメリカにもあった。一八一二年の英米大戦の戦地バトルフィールドは、一九世紀半ばには観光名所になっており、「バトルフィールド・タワー」とよばれる展望塔が建てられた。最初に成功したのは一八五〇年、宿屋の経営者が宿の隣りに建てたものである。これを機に誰もが真似し始めて、バトルフィールド・タワーが何棟も建って競合し、一九世紀末にはエッフェル塔を意識した鉄塔のバトルフィールド・タワーも建設された。しかし多くは嵐で倒壊したり、南北戦争（一八六一〜六五年）で観光客が激減したりするうちに、流行も廃れてすべてなくなってしまった。

バトルフィールドはナイアガラの滝からほど近いところにあり、ナイアガラの滝を展望するための塔はもっと早くからあった。一九世紀初頭は、自然の景観を愛でるピクチャレスク思想とともに、近寄り難い自然の恐ろしさに美を見出す「崇高」という美の概念が生まれ、崇高美に他ならぬナイアガラの滝を、一目見ようとする人々が多く出てきたからだ。ナイアガラの滝の展望塔は歴代移り変わってきたが、その最初のものは一八二九年にできた「テラピン・タワー」（一二メートル）（図3-27①）だった。テラピン・タワーは、約九一メートルの道のりの木製の橋で急流の中を渡って、滝が一気に急降下して流れ落ちるギリギリの位置[119]に建てられた石造の塔で、上るには一〇セントの入場料が要り、地元のホテル企業家が客寄せのために建てた。塔の上のバルコニーから滝壺を見渡し、スリルを楽しむアトラクションだった。一九世紀末、このテラピン・タワーは取り壊されたが、橋の通路は廃墟となって二〇世紀初めまで残っていた。その後ナイアガラの滝を展望するためのタワーが、年を追うごとに高くなり建て替えられてゆくが、このロマン主義時代の塔のように水流の中に建てられたものはなく、どれも陸地に建ったものである。

一八八八年、ナイアガラの滝展望用の「ムース・タワー」（七六メートル）というエレベーター付き鉄塔が、この塔に因んだ名の「タワー・ホテル」の屋上に建った。ナイアガラの滝観賞用で当時最

図3-27　①ナイアガラの滝の「テラピン・タワー」（1830年代の版画）、②シーグラム・タワー（1960年代の観光絵葉書）、③オネイダ展望タワー（1960年代の観光絵葉書）、④スカイロンタワー（写真：flickr by prayitno）

も高い塔だった。ムース・タワーは、一九〇四年、ルイジアナ博覧会場へ移築され、マルコーニが無線を送受信するためにも使われた。一九六〇年代には三基もナイアガラの滝の展望塔が建設された。現在ホテルになっている空港の管制塔のような形をした「シーグラム・タワー」（九九メートル、一九六二年）（図3-27②[120]）、カナダ側オンタリオに建ったエレベーター塔「オネイダ展望タワー」（一〇四メートル、一九六四年）（図3-27③[121]）、そして最も高い「スカイロンタワー」（一六四メートル、一九六五年）（図3-27④）である。宇宙基地のようなデザインは、シアトル万博のスペース・ニードル（第四章参照）をモデルに、回転展望レストランが備えられた。

---

83 Durand, Jean-Nicolas-Louis, *Recueil et parallèle des édifices de tout genre anciens et modernes remarquables par leur beauté*, Paris, 1799-1800.

84 ただし一五六一年の雷で尖塔が折れた。

85 セント・ポール大聖堂も含めて五二件のロンドンの教会を設計した。

86 この絵を完成させるにあたってコッカレルは建物の頂上部のディテールスケッチを数多く残し、これらは英国王立建築研究所（RIBA）に保管されている。

87 ドーム部分は一九九〇年に撤去され現存しない。

88 シンガー・ビルは、ブロードウェイ一四九番地（現在、ワン・リバティ・プラザのある場所）にあったが、一九六八年に解体された。

89 Semsch, Otto Francis, *A History of the Singer Building Construction; its progress from Foundation to Flag Pole*, New York, 1908.

90 当時の建築を説明したリーフレットのタイトルにもなっている。Cochran, Edwin, *The Cathedral of Commerce. The highest Building in the World. Woolworth Building*, New York, s.a.

91 後に「40ウォールストリート」という名でよばれ、一九九五年から「ザ・トランプ・ビルディング」と改名された。

92 Dye, Frederick, *Popular Engineering*, London, 1895, p.205.

93 *Scientific American* (vol. 30, Jan. 24), 1874, p.47; *La Nature* (n° 42, 21 mars 1874), Paris, pp.241-243.

94 両脇の二つの塔は一八八八年に描き足されたもの。

95 Bartholdy, Frederic Auguste, *The Statue of Liberty Enlightening the World*, New York, 1890, p.61.

96 バート・フライエンヴァルデ（一八九五年、二八メートル）、クエドリンブルク（一八九六年、二〇メートル）、ズール（一八九六年、二一メートル）、ゲッティンゲン（一八九六年、三一メートル）、シェーネベック（一八九七年、一〇メートル）、エッセン（一八九八年、一六・七五メートル）、リューティエンブルク（一八九八年、一八メートル）、アウミューレ（一八九九年、二七メートル）、バート・ザルツーフレン（一九〇〇年、一八メートル）。

97 パビリオン（東屋）タイプのビスマルク塔は、ディレンブルク（一八八五年）とバート・ベルクツァーバン（一八九五年頃）にあったが現存しない。ディレンブルクのものは「ビスマルク神殿 Bismarcktempel」ともよばれていた。

98 木造骨組みタイプの展望塔でもあるビスマルク塔は、ボン＝ケッセニッヒ（一八九四年、一五・三メートル）、マイニンゲン（一八九八年、二一・五メートル）にある。温泉町ヴィースバーデンのビスマルク塔（一九一〇年、五〇メートル、現存せず）は、木造であるが、当時はヴィースバーデンのエッフェル塔とよばれていた。

99 鉄塔タイプの展望塔でもあるビスマルク塔は、「鉄のアントン」という愛称でよばれるビーレフェルト（一八九五年）のものをはじめ、ザルツグリッター（一九〇〇年、一二メートル）などにも建設された。

100 ドイツ国内で建設された「神々の黄昏」型のビスマルク塔は、一九〇〇年にグライフスヴァルト（一〇メートル）、マルクノイキルヒェン（一四メートル）、ツェーデニック（一四メートル）、ラントシュトゥール（一九メートル）、一九〇一年にボン＝グローナウ（一三メートル）、バートエムス（二二・五メートル）、キルン（一二メートル）、ロシュトック（八メートル、現存せず）、フィーアゼン（一八・二二メートル）、コーブルク（一六メートル）、ハーゲン（二四メートル）、エアフルト（二二メートル）、ゲルリッツ（二三メートル）、ヴィットマール（二四メートル）、一九〇二年にはリューデンシャイト（一七・五メートル、現存せず）、プラウエン（一九・二五メートル）、ロンネブルク（二一メートル）、ザルゲンロート（一七・五メートル）、ゲラ（二〇・五メートル）、ハレ（一五メートル）、アイゼナッハ（一八メートル、現存せず）、フライベルク（一〇・五メートル、現存せず）、一九〇三年にハイデルベルク（一五メートル）、フリードリッヒスルー（一九メートル）、アンスバッハ（二一・七メートル）、一九〇四年にマールブルク（一八メートル）、シュトゥットガルト（二〇メートル）、カッセル（二五・五メートル）、一九〇五年にヒルデスハイム（二〇メートル）、ヴュルツブルク（一五メートル）、アウグスブルク（二〇・五メートル）、ハーナウ（一八メートル）、イッツへー（一八メートル）、一九〇六年にドレスデン＝レックニッツ（二三メートル）、一九〇七年にイダール＝オーバーシュタイン（一五メートル）、ヴッパータール（二二メートル）、チュービンゲン（一六メートル）、一九〇八年にフュルト（一七・五メートル、現存せず）、一九一一年にヴァイセンブルク（二二・六五メートル）とバートベルルェブルク（六・一メートル）にできた。

101 ポーランドの破壊されたビスマルク塔は、フランクフルト＝オーダー（一九〇〇年、一四・五メートル）、フラウシュタット（一九〇五年、二二メートル）、グローガウ（一九〇六年、一五メートル）、ミスロヴィッツ（一九〇七年、二二メートル）であった。

102 メルヒゲン（一九〇一年、七メートル）のものは破壊された。

103 ビスマルク生誕百周年の一九一五年に建っていたが、それは第一次大戦で破壊され、戦後再建された。

104 ウンナ（一九〇〇年、一九・四メートル）、ポルタ・ヴェストファリア（一九〇二年、二二・五メートル）、ゲッティンゲン（一九〇二年）、パリーナーベルク（一九〇二年、一二・八二メートル）、ハノーファー（一九〇四年、二〇メートル）、ギーセン（一九〇六年、一五メートル）、ヘルフォルト（一九〇六年、二二・〇六メートル）、ヴィール（一九〇八年、一五・六メートル）。

105 ヴェッツラー（一九〇一年、一八メートル）、ハティンゲン（一九〇一年、一一メートル）、レームシャイト（一九〇一年、三〇メートル）、ベンスハイム（一九〇二年、一五メートル）、ショーデン（一九〇三年、五メートル）、Vlotho（一九〇三年、一八メートル）、エッシュヴェーゲ（一九〇三年、二六メートル）、メミンゲン（一九〇四年、一八メートル）、アポルダ（一九〇四年、二三・七五メートル）、バート・ラウターベルク（一九〇四年、一五メートル）、ドルトムント（一九〇五年、二四メートル）、ランゲンベルク（一九〇六年、二八・四メートル）、グラウヒャウ（一九〇八年、四五メートル）、エッシュヴェーゲ（一九〇三年、二六メートル）、ミュールハイム（一九〇九年、二七・五メートル）、ランシュテット＝オーベルク（一九一五年、一一メートル）。

106 ホーエ・オイレ（一九〇六年、二五メートル）、コンスタンツ（一九一二年、二二・八メートル）、ローゼンガルテン（一九一二年、二三メートル）。

107 ニクスドルフ（一九〇五年、二六メートル）。

108 カットヴィッツ（一九〇三年、二〇メートル）、ランダウ（一九一〇年、一二メートル）、リュッツシェーナ・シュターメルン（一九一五年、三〇・七五メートル）、アルテンブルク（一九一五年、三三メートル）、ブルク（一九一七年、三三メートル）。

109 日本でも東京、愛宕山（桜田山）の頂上に展望のための五階建て石造イギリス風の愛宕塔（一八九九年）が建ったが、関東大震災（一九二三年）で倒壊した。

110 ビルシュタイン、プラウエン、ビュルガーアルペ、バート・エッセン、バート・ナウハイム、バート・クレーフェ、デュイスブルク、フェルトベルク、フロイデンシュタット、ケーニヒシュトゥール、ガーベルバッハ、ハン・ミュンデン、エルンゼー、ハーゼンベルク、ガルゲンンベルク、ホーホヴァルト、ホーエグラース、リューデンシャイト、メッツ、ノイキルヒ、ノルトゼーバート・ヴィルヘルムスハーフェン、フェルトベルク、ケラースコプフ、ヴィルデンタール、ツィッタウでは、中世の塔を模したネオ・ロマネスク、ネオ・ゴシック風な展望塔が多く建設された。

111 プフリンゲン、ヴュルツブルク、シュミッテン、プフォルツハイム、カールスバート、ニュルンベルク郊外グリッツなどの例。

112 例えばライプツィヒ＝ベルゲン、インゼルベルク、ヴィンクスト、ハイデック、ズュルスドルフ、ベーメン・ノイシュタット、ミュンヘン郊外エーバースベルクのもの。

113 ベルリン近郊ミュッゲルベルゲン、リューゲン島ベルゲン、アンナベルク、アルトファーター、バート・フライエンヴァルデ、バート・ホンブルク、ブレーメン、ブルクシュテードル、デーガーロッホ、クラーゲンフルト、カイルベルク、ハンブルク近郊

114 ローンブリュッゲ、ペールベルク、コットマールなどの例。例えばザールフェルト、プレーン、ザンクト・オッティーリエン、シュメルン、ホッホブラウエン、ホルニスグリンデ、イルメナウ、ケルネン、バート・ローテンフェルデ、バート・イーブルク、バート・グリューナ、ボックスベルク、ケムニッツ郊外ガイアースベルク、バート・ピルモントの展望塔は鉄塔である。ドイツほどではないが、スイスの高台にも鉄塔の展望台がいくつか（例えばベルン郊外のバハテル・クルム、リーシュタール、チューリヒ郊外ユートリベルク）建設されている。フランス・アルザス地方の町ミュルーズの丘の海抜三三三メートルの高さに、一八九七年、エッフェル塔を意識した二一メートルの鉄塔の展望塔が建ったが、当時ここはドイツ領であったので、ドイツ帝国内で流行した展望塔の一つと考えられる。

115 一八三四年、シンケルの設計であった木造の塔の建て替えでつくられたものである。

116 バート・シュミーデンベルク、ベルリン近郊グリューネヴァルト、ヤオアーリング、マールブルク近郊、ヴェルデン、ウィースバーデン郊外シュレーファースコプフなど。

117 また「皇太子フリードリッヒ・アウグスト塔」というのもあり、これはゲンスドルフに建設された。

118 リンツ郊外のペストリングベルクにも「フランツ・ヨーゼフ塔」が建った。

119 ゴートアイランドからホースショー滝の東側の位置。

120 シーグラム・タワーは、後にヘリテイジ・タワー（一九六九年）、ロイヤル・イン・タワー（一九七一年）、パナソニック・タワー（一九七三年）、ミノルタ・タワー（一九八四年）と、その名が経営者やスポンサーの変遷とともに何度も変わっていった。

121 後にナイアガラ・タワー（一九七四年）、コダック・タワー（一九八五年）と改名した。

第四章

塔の美学——様々な展望の愉しみ方

俯瞰すること——鳥瞰図、パノラマ、気球、飛行機

ここでは美術史上、町や景色を俯瞰することと塔はどのような経緯で繋がりをもったのかを考えてみたい。第一章では、一六世紀よりフランドルの風景画家たちが「バベルの塔」を描いていたことを述べたが、このような高層の巨大建造物を描くには遠くから俯瞰する視点が必要である。セバスティアン・ミュンスター（一四八八〜一五五二）、ダニエル・マイスナー（一五八五〜一六二五）、マッテウス・メリアン（一五九三〜一六五〇）といった有能な地図印刷作者が輩出され、ヨーロッパ主要都市の全景を描いた都市図・鳥瞰図が次々と制作されていったのも一六〜一七世紀で、「バベルの塔」がよく描かれた時代と重なっているのは偶然ではないだろう。

一七世紀フランスのメス出身の二人一組の画家モンス・デジデリオは、[122]「バベルの塔」も「鳥瞰図」も描いている。暗い色使いによる架空の都市景観画を得意としたが、ときには実在の風景も幻想的に描いた。ヴェネツィアのサン・マルコ広場の風景画では、鐘楼や寺院のドームが実際より高く、塔が乱立しているように見えるのは、彼らの美意識がそうさせたのだろう。モンス・デジデリオは、聖書から題材を得て、架空の都市も数多く描いているが、そこに登場するのは、不可思議な柱、塔、ゴシック尖塔、ルネッサンス風鐘楼、バロックのドーム屋根などといった高層建築物が多い（図4-1①）。彼らは活躍拠点にした町ナポリの鳥瞰図もいくつか描いており、空から俯瞰することと、塔状の建築物への関心を同時にもち合わせていた。[123]

一七～一八世紀に流行した架空の風景画《カプリッチョ》に、塔は風情を添える点景物として頻繁に登場する。地図製作者で建築家でもあったヴェネツィア都市景観画家ルーカ・カルレヴァーリス（一六六三～一七三〇）は、港湾を舞台にした架空の風景画《カプリッチョ》を得意とし、しばしば中世の塔を背景に描き込んでいる。塔のある海辺の架空の風景画《カプリッチョ》は、他にも多くの一七～一八世紀の画家が制作している。オランダの風景画家ヤン・ボット（一六一八頃～一六五二）、ローマで活躍したサルヴァトール・ローザ（一六一五～一六七三）、ジェノヴァの画家アレッサンドロ・マニャスコ（一六六七～一七四九）らでやはり水都ヴェネツィアの画家はその傾向がとくに強く、マルコ・リッチ（一六七六～一七三〇）（図4-1②）やフランチェスコ・グアルディ（一七一二～一七九三）も描いている。またローマに長年滞在したフランスの画家クロード＝ジョゼフ・ヴェルネ（一七一四～一七八九）は、港湾風景を専門にしており、やはり彼も海辺の架空の風景画《カプリッチョ》には中世の塔をよく添えていた（図4-1③）。

海辺の架空《カプリッチョ》の風景画は、とりわけ一七〜一八世紀、イタリアにグランドツアーにやってきた英国貴族が好んで購入し、一九世紀ロマン主義時代にかけては、イギリスで風景式庭園が発達し、そこには点景物《フォリー》として、様々な塔が置かれるようになった（第一章参照）。これは絵のように美しい自然の風景を愛でる「ピクチャレスク」という、当時流行した美意識に基づいている。自然の中にも風情のある塔が一つあれば、その景観はより映え、「絵のよう（ピクチャレスク）」に美しくなるし、塔は同時に展望塔にもなっていて、そこからは三六〇度のパノラマも楽しめる。

ロマン主義時代は、ピクチャレスクという言葉を題名に使った、美しい風景を集めた版画集や旅行

図4-1　①モンス・デジデリオ《建物のある風景》（エルミタージュ美術館蔵）、②マルコ・リッチ《塔のある海辺の風景》（1720年頃、個人蔵）、③クロード＝ジョゼフ・ヴェルネ《難破》（1759年、グルーニング美術館蔵）

記が多く出版されるようになった。また同じ頃、風景をワイドに見られるようにした細長いパノラマ画も流行するようになり、観光案内書や地理書の題名にもパノラマという言葉がよく使われるようになる。すなわちある町、ある地域について「展望」できるよう、広く多くの情報をパノラミックに取り込んでいるのである。

「パノラマ」とは、最初に考案したイギリスの画家ロバート・バーカー（一七三九～一八〇六）の造語で、ギリシャ語で「すべて」を意味する「パン pan」と「眺め」の「オラマ orama」を組み合わせた言葉である。細長く広がって景色の全景を見て取れるワイドスクリーンな絵のことで、バーカーは「パノラマ」と称する絵の新ジャンルの特許を得て、ロンドンのアルビオン製粉工場の屋上から見える町の全景を描き大成功を収めた。その資金をもとにバーカーは一七九三年、三六〇度の景色を描いたパノラマ画を建物の内壁に飾るため、円形の専用建物「パノラマ館」をつくらせ、期間ごとに色々なパノラマ画を順繰りに展示してゆく興業を始めた。「パノラマ館」はヨーロッパの大都市を中心に流行し、ロンドン、パリ、フランクフルト、ベルリンなどに建設されていった。パノラマ画の題材はアテネ、イスタンブール、ローマ、ナポリ、ポンペイの遺跡、スイスの景色といった風光明媚な観光地で旅行気分が味わえるもの、あるいは主要な戦場の様子を描いて帝国主義的な愛国心を高揚させるもののどちらかだった。観光地のパノラマは、たいてい高台から見下ろす視点で描かれるもので、一八二七年に建設されたロンドンのパノラマ館「コロシアム」では、ロンドンで最も高い建物のセント・ポール大聖堂の頂上から見たパノラマ画が展示された。

一八二二～二四年、セント・ポール大聖堂には、ドームの頂上部分の修復のために足場が組まれていた。[124]これに目をつけた測量士で画家でもあるトマス・ホーナー（一七八五〜一八四四）が、自らセント・ポール大聖堂の頂上に上りスケッチしたロンドンの鳥瞰図を出版した。『プロスペクトゥス―ロンドンの光景』（一八二二年）という本で、[125]ここにはセント・ポール大聖堂のドームのさらに上にある尖塔にやぐらを組んで、頂上の十字架までホーナーが登った行程の断面図も収められている（図4-2）。ホーナーは一八二九年、「コロシアム」でこのパノラマ画の出し物をかけ、観覧台の最上階には、ホーナーがセント・ポール大聖堂で使っていた小屋を展示し、人々は目も眩むような高所からの景色を楽しんだ。

図4-2　トマス・ホーナー『プロスペクトゥス－ロンドンの光景』（1822年）より

パノラマ館の興隆は国によってズレがあり、イギリスでは一八五一年の大英博覧会の人気を機に衰退した。フランスへはイギリスからすぐに伝わったので流行の始まりはほぼ同じ頃だが、イギリスよりも四〇年近くも長く保たれた。

一八六三年、写真家ナダールが気球に乗ってパリの上空を撮影しようとしていた（図4-3）。試行錯誤を重ねても気球に問題が発生し実現しなかったが、俯瞰写真を撮影しようという発想は、パノラマ館の流行と相まって時代の感性を代弁していた。ナダールに感銘を受けたジュール・ヴェルヌは、小説『気球に乗って五週間』（一八六三年）を書き、この作品を機に人気作家となったの

図4-3　ドーミエ《気球に乗ってパリの上空を撮影するナダール》（ブルックリン美術館蔵）

も、飛ぶということだけでなく高いところから景色を俯瞰することが、当時の人々の興味と合致していたからだろう。

一八七〇年の普仏戦争は、フランスとドイツのパノラマ館に活気をもたらした。愛国プロパガンダ的な戦地を描いたパノラマ画が展示されるようになり、ドイツでは一八八〇年代に最盛期となった。エッフェル塔の登場する一八八九年のパリ万博には、少なくとも七つのパノラマ館が置かれ、その流行を物語っているが、同時に衰退の始まりでもあった。一九〇〇年のパリ万博では、パノラマを改良して絵が動くもの、映画のさきがけのようなものに人気が移っていた。[126] パノラマ館ブームの息の根を止めたのは、実物の眺望、パノラマを楽しめるエッフェル塔や高低様々な展望塔の出現だった。

人類が天空の高みへ上る夢は、エッフェル塔の登場で大きく前進し、やがて「飛行する」ことで現実味を帯びてきた。一九〇一年、ヨーロッパ初の飛行船と飛行機の製造者アルベルト・サントス・デュモンは、飛行船でエッフェル塔の周りを飛行した。アメリカのライト兄弟は、一九〇三年、飛行機による世界初の有人飛行に成功し、一九〇六年には一〇〇メートル以上上空の飛行も可能にした。一九〇九年にはツェッペリン伯爵が、飛行船で世界初の旅客航空会社を設立した。飛行機の歴史は、エッフェル塔を起爆剤に、建物が高層化してゆくのと歩調を合わせて発展した。

すべてを大きく引き離して世界一の高さを記録したエッフェル塔、それに追いつくべく建てられた超高層ビルやタワーは、当時の観光絵葉書の恰好の題材になったが、その上空には飛行機や飛行船な

図4-4　①飛行機や飛行船と一緒に撮影される高層建築：ニューヨークのブロードウェイ・パラマウント・ビルと飛行機（20世紀初頭の観光絵葉書）、②エンパイア・ステート・ビルと飛行船（当時の写真）、③ワシントン・キャピトルと飛行船（当時の写真）、④飛行機からみたエッフェル塔（20世紀初頭の観光絵葉書）、⑤エッフェル塔と飛行機（20世紀初頭の観光絵葉書）、⑥ミュンヘンの聖母教会とツェッペリン伯爵（20世紀初頭の観光絵葉書）

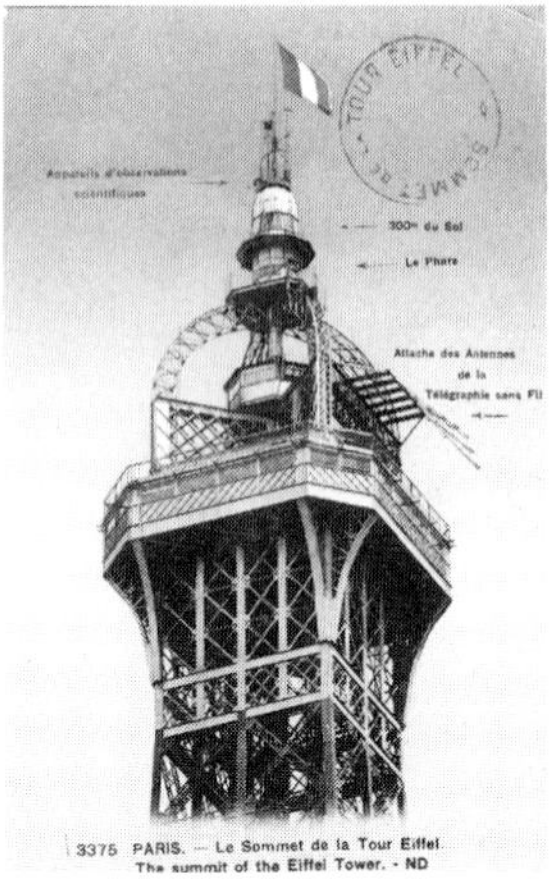

図4-5　エッフェル塔の頂上にひらめく国旗（20世紀初頭の観光絵葉書）

どがコラージュされることが多かった。逆もしかりで、飛行機や飛行船を図像化する際には、その背景に高層建築も共存させることは必須であった（図4-4①~⑥）。それはお互いの高さを強調するだけでなく、航空機の存在は高層建築・タワーとともに当時の人々がめざす天空への支配欲という共通項だからだ。高い塔から展望することが愛国ナショナリズムと結びついていた二〇世紀初頭、エッフェル塔をはじめ、高低様々な展望塔の頂点にはたいてい国旗が掲げられていた。国家を代表する航空会社、フラッグシップが、国旗の色をデザインに取り込むように、天空へ向かってゆくことは国家の威信をかけることなのである（図4-5）。

エレベーターの普及とアミューズメントとしてのエレベーター塔

超高層建築・タワーを実現させるのに必要だったものの一つにエレベーターがある。初期のエレベーターは物の運搬専用だったが、一八五三年、エリシャ・オーティス（一八一一～一八六一）は、世界初の人用エレベーターをニューヨーク万博で披露した。彼は、運行中のエレベーターの紐を切っても途中で止まる様子を実演し、安全性を証明した。一八六一年、オーティスは蒸気エレベーターの特許を取り、オーティス・エレベーター会社を設立、一八八九年、「電動」エレベーターを開発し、ワシントン・モニュメントやエッフェル塔、シカゴやニューヨークのオフィスビルをはじめ、世界の高層建築にエレベーターを供給した。

ヨーロッパ初の水圧エレベーターが登場したのは、一八六七年のパリ万博だった。一八七四年、スイスのエレベーター会社シンドラーが、ロベルト・シンドラー（一八五〇～一九二〇）によって創業された[127]。当時のスイスはヨーロッパのホテル産業を牛耳っていたので、ベル・エポック期に建った多くのヨーロッパのホテルにシンドラー社のエレベーターが導入された。ドイツでは、ジーメンス&ハルスケ社が、ヴェルナー・フォン・ジーメンス（一八一六～一八九二）とヨハン・ゲオルク・ハルスケ（一八一四～一八九〇）によって設立され、彼らは一八八〇年のマンハイム博覧会でヨーロッパ初の電動式エレベーターを披露した。

一八八九年にエッフェル塔が完成すると、各地でエレベーター塔ができ始めた。モーツァルトの生誕地として知られるオーストリアのザルツブルクでは、一八九〇年、鉄塔の電動エレベータータワー（六〇メートル）が開業した。旧市街とメンヒスベルクの丘の上を結ぶエレベーターで、機材はジーメンス&ハルスケ社製だった[128]。この丘の上には展望テラス付きレストラン、カフェ、カジノがあり、エレベーターに乗ること自体もアトラクションだった[129]（図4-6①）。

巨大なエレベーター塔でもあるエッフェル塔には、オーティス社製だけでなく、国家の威信をかけてフランス製のエレベーターも使われた。普仏戦争の敵国ドイツ製はもっての他だろう。エッフェル

図4-6 ①ザルツブルクの屋外エレベーター塔（20世紀初頭の観光絵葉書）、②ミラノのエレベーター塔「シュティーグラー・タワー」（20世紀初頭の観光絵葉書）、③コニー・アイランドの約213mの屋外エレベーター塔（20世紀初頭の観光絵葉書）、④凌雲閣（浅草十二階）（20世紀初頭の観光絵葉書）、⑤ビュルゲンストックのエレベーター塔「ハメッチュヴァント・リフト」（20世紀初頭の観光絵葉書）、⑥バート・シャンダウのエレベーター塔（20世紀初頭の観光絵葉書）、⑦三重県鳥羽市の「日和山エレベーター」（当時の観光絵葉書）

塔には三種類の高さの展望台がある。各展望台ごとにエレベーターを乗り換える仕組みで、まず五四度に傾斜したケーブルカーのような定員一〇〇名のフランス製水圧エレベーターで[130]、一分間かけて第一展望台（五七メートル）へ行く。最も面積の広い第一展望台には、レストラン、カフェ、小劇場付きのパーティー会場もあり、一八九〇年までは読書室まであったが、ここは一八九六年にブラッスリーに改装された[131]。ここで塔の傾きに合わせた八〇度傾斜のオーティス社製の五〇名乗りのエレベーター[132]に乗り換え、第二展望台（一一五メートル）へ上る（図4-7）。第二展望台には、カフェ、ブラッスリー、記念写真スタジオ、各種売店があった。[133] フランス製の水圧式垂直型エレベーターが走行するのは、第二展望台と第三展望台（二七六メートル）の間である。トロカデロ宮に付随する塔（六三メートル）内のエレベーターを設計した技師フェリックス＝レオン・エドゥ（一八二七〜一九一〇）によるものであった。しかしこのエレベーターは直通でなく、途中階で一度乗り換えねばならなかった。走行時間はそれぞれ一分半で、乗り換え時間一分を加え合計四分かかった。[134]

当時最も有名だったエレベーター会社の一つは、今はなきイタリアのシュティーグラー社で、ここのエレベーターはヨーロッパ中の高級住宅やホテルに供給され、戦前はアジアにまで進出していたほどだった。シュティーグラー社は、ドイツ生まれのアウグスト・シュティーグラー（一八三二〜一九一〇）がミラノで、一八六〇年に創設した機械工場に遡り、一八八九年より電動エレベーターの製造を始めた。一八九一年、フランクフルトで開催された国際電気技術博覧会では、オーティス社のエレベーターを導入した鉄塔の展望塔（四〇メートル）がアトラクションになったが、[135] それよりも高い、一八九四年のミラノ博覧会では、シュティーグラー社製のエレベーター塔「シュティーグラー・タワー」（五〇メートル）

図4-7　エッフェル塔の傾斜付きエレベーター（20世紀初頭の観光絵葉書）

が、センピオーネ公園に建った（図4-6②）。しかし当時は水圧式なので走行には三分半を要していた。博覧会期後もシュティーグラー・タワーは解体されず、ミラノの展望塔として親しまれた。[136]一九〇二年のデュッセルドルフの工芸博覧会のエレベーター塔（三〇メートル）も、同社が請け負い、同年、ヴェネツィアのサン・マルコ広場の一四世紀の鐘楼が突然倒壊し、一九〇五～一一年に再建（再開業は一九一二年）されるが、その際に設置されたエレベーターもシュティーグラー製が選ばれている。

当時はエレベーターに乗ること自体がアトラクションだったので、博覧会会場では、このようにエレベーター・タワーが建設され、最上部の展望台から会場を俯瞰する楽しみもあった。たいていは鉄塔であったので、エッフェル塔を意識したデザインも多かった。エレベーターの乗車を楽しむためのタワーは、二〇世紀初頭にはアメリカにも広まり、ホットスプリングスで五〇メートルのエレベーター塔（一九八三年に再建）、コニー・アイランドに約一一三メートルの超高層の屋外エレベーター・タワーができたが現存しない（図4-6③）。

日本初のエレベーター・タワーは、浅草公園内の展望塔「凌雲閣（浅草十二階）」（五二メートル、一八九〇年）（図4-6④）だった。一〇階分が煉瓦造、頂上の二階が木造で、設計は東京帝国大学の衛生工学講座の教師ウィリアム・K・バルトンである。ここには日本初のエレベーターが二台（定員二〇名）設置され、電動式であり、なんと日本製で、当時は「運搬室」または「昇降台」「昇降器機」「エレベートル」などとよばれた。ヨーロッパでもまだエレベーターは水圧式が主流なのに電動式だったが、故障が多く半年後に撤去された。その後展望塔へは階段で登るようになり、一九一四年、階段の壁には写真師の小川一眞（一八六〇〜一九二九）が撮影した東京の芸妓一〇〇人の写真「凌雲閣百美人」が飾られた。しかし一九二三年の関東大震災で八階上部が倒壊し、残った部分は二次災害回避のために陸軍工兵によって爆破された。一方大阪でも、第五回内国勧業博覧会でできた展望塔「望遠楼（大林高塔、あるいは大林エレベーター）」（約四五メートル、一九〇三年）に、大阪初の電動エレベーターが設置されている。

二〇世紀初頭、山岳リゾート地の高級ホテル経営者は、ホテルからさらに標高が高くて景色の良い場所へ行けるよう、エレベーター・タワーを建設して客寄せに励んだ。一九〇五年、スイス、ルツェルン湖畔の山岳ビュルゲンストックに、世界で最も標高の高い位置にあるエレベーター塔「ハメッチュヴァント・リフト」（一五三メートル）（図4-6⑤）が建設され、シンドラー社製が導入された。この屋外鉄塔エレベーターは、ビュルゲンストックのリゾート開発を一手に担ったホテル企業家ブッハー＝ドゥラー家が、ホテルの敷地内の遊歩道と山頂を結ぶために建てたものである。

一九〇四年、ドイツでは、山岳景勝地「ザクセン・スイス」のふもとの町バート・シャンダウに、ハメッチュヴァント・リフトの縮小版ともいえる「ゼンディヒの電動エレベーター」（五二メートル）（図4-6⑥）が建設された。このエレベーターも、当地の主要なホテルを創業・経営した企業家ルドルフ・ゼンディヒが、低地にある自分のホテルから、目の前にある山のハイキングコースへ、宿泊客の便を図ってつくったものだった。

同じ頃これらと似た現象は、日本でも起こっていた。和歌山の「和歌浦エレベーター」（三〇メートル）で、一九一〇年、地元の旅館「望海楼」（現存せず）の亭主が、海を臨む景勝を展望しやすい

図4-8　張家界の百龍エレベーター（写真：flickr by kazuhito）

ように建設した。夏目漱石は小説『行人』（一九一二年）で、この物珍しい「昇降器」に言及している。日本初の屋外鉄塔エレベーターで、東洋一の高さを誇っていたが、[137] 第一次大戦中の鉄材供給のため、一九一六年に解体されてしまった。

一九三三年には、三重県鳥羽市に屋外鉄塔の「日和山エレベーター」（五一メートル）（図4-6⑦）が建設された。やはりエッフェル塔を思わせるデザインで、鳥羽駅と日和山を結び、日和山登頂に便利だったが、一九七四年に火災で損傷したため営業停止となり、一九八二年に解体された。

現在、観光用屋外エレベーター・タワーの最高峰となったのは、山岳奇岩の景観でユネスコ世界遺産に登録された中国の張家界にある「百龍エレベーター」（一九九九年建設、二〇〇二年開業）（図4-8）で、三二六メートルの高低差を五三秒で運行している。

都市交通としてのエレベーター・タワー

エレベーターの誕生とともに、高低差の激しい町では、交通手段となるエレベーター・タワーができるようになった。[138] 今も営業している最古の「交通エレベーター塔」は、ブラジルのエル・サルヴァドルのもの（七二メートル、一八七三年）である。[139] タワーの上層階と町が橋で連結された鉄塔だったが、一九三〇年に現在見られるようなアール・デコ様式の鉄筋コンクリート造に再建された（図4-9①）。

ヨーロッパの大都市で最初に交通用エレベーター・タワーができたのは、ストックホルムであった。町中心部からカタリーナの丘へ登れる鉄塔「カタリーナのエレベーター」（三六メートル、一八八三年）（図4-9②）で、上階で鉄橋と接続している。[140] カタリーナのエレベーターは当時は観光絵葉書の恰好の題材となり、一九一九年にウクライナの画家パウル・ブルマン（一八八八〜一九三四）も描いたが、一九三三年には、新しい環状道路建設と都市開発のため古い鉄塔は解体され、一九三六年、合理主義建築の鉄筋コンクリート造に新築された。

高低差のある都市にとって、エレベーターはとても有益な公共交通で、一八八三年、イタリアのナポリでも、港のある旧市街と丘陵の新市街ヴォメロを結ぶエレベーター計画案があった。これは屋外のエレベーター・タワーでなく、丘の中を掘削して一六〇メートルもの高低差を移動するものだったが、実現しなかった。[141] 一八九〇年には屋外タワー型エレベーターも計画され、これはエレベーターで丘陵の中腹まで上がり、そこから鉄橋を走る電車に乗り換えるものだった。[142] 一八九三年の修正案には、エレベーター・タワーが二つあり、まず石造エレベーター・タワー（六〇メートル）で中腹に上り、空中鉄道に乗ってエッフェル塔風の鉄塔エレベーター・タワー（一〇八メートル）（図4-10）まで行き、また別の空中鉄道に乗って山頂に至るというものである。ナポリの丘にはサンテルモ城やバ

図4-9　①エル・サルヴァドルのエレベーター塔（20世紀初頭の観光絵葉書）、②ストックホルムの「カタリーナのエレベーター」（20世紀初頭の観光絵葉書）、③ヘゴランド島のエレベーター塔（20世紀初頭の観光絵葉書）、④サン＝ジェルマン＝アン＝レーのエレベーター塔（20世紀初頭の観光絵葉書）、⑤リスボンの「聖ジュスタのエレベーター」（写真：flickr by kawanet）、⑥ヴァッレッタの「バラッカ・リフト」（20世紀初頭の観光絵葉書）

図4-10　1893年のナポリの2基のエレベーター塔と空中鉄道計画案

ロック美術の枠を凝らしたサン・マルティーノ修道院があり、観光促進の利点もあったが、あまりに費用がかさむため実現されず[143]、今日みられるようなケーブルカーで接続されることとなった。

以下建設年順に、世界の交通エレベーター・タワーを挙げてゆこう。

ドイツの北海に浮かぶヘルゴランド島には[144]、断崖絶壁の上に「上の町（オーバーランド）」があり、一八八五年に電動エレベーター塔（六三メートル）ができ、港からアクセスしやすくなった。それまでは一九三段の階段で上るしかなかった。イギリスのワイト島の町シャンクリンにも、海岸と上の町をつなぐ「断崖リフト」（四五メートル、一八九一年）（図4-9③）というエレベーター塔が建った。当時は骨組みが見える鉄塔であったが、一九五七年に解体され、鉄筋コンクリート造のエレベーター塔に差し替えられた[145]。アルジェリアの首都アルジェにも[146]、港と高台にある共和国大通りを結ぶエレベーター塔がフランス統治時代の一八九二年に建設された。ネオ・モレスク様式の石造の塔で、水圧式エレベーターだった。

スイスの首都ベルンも河岸と町の中心に高低差があったので、鉄塔の交通エレベーター「マッテンリフト」（三二・五メートル、一八九七年）ができた。町の中心から、アーレ河畔にある古い集落マッテン地区を結び、機材はジーメンス＆ハルスケ社のものだった。[147] 講和条約で知られるパリ近郊の町サン＝ジェルマン＝アン＝レーには、ベル・エポック時代に美しいエレベーター塔（三三メートル、一九〇〇年）（図4-9④）があった。一六世紀の城やホテルのある公園へ行きやすいように設置された水圧式エレベーターだったが、メンテナンスが高額のため一九二一年に解体され、今は階段しかない。

ポルトガルの首都リスボンには、観光名所としても有名な「聖ジュスタのエレベーター」（四五メートル、一九〇二年）（図4-9⑤）がある。ネオ・ゴシック様式で装飾された美しい鉄塔で、中心区の聖ジュスタ通りと丘の上のシアド地区を結び、ポルトガルのケーブルカーを数多く手がけた技師のラウル・メスニエ・ド・ポンサール（一八四九〜一九一四）が設計した。地中海マルタ島のヴァレッタにも、港と段差のある旧市街（バラッカ公園）を結ぶエレベーター塔「バラッカ・リフト」（五八メートル、一九〇五年）（図4-9⑥）が建設された。[148] トルコの港町イズミルも高低差のある町で、ユダヤ人銀行家の出資でエレベーター塔（四〇メートル、一九〇七年）ができている。イタリアの港町ジェノヴァでも、「カステッレット・エレベーター」塔（五七メートル、一九〇九年[149]）が開業した。市街と丘の上の高級住宅街を結ぶ路線のため、優雅なリバティ様式の装飾が施され、ジョルジョ・カプローニ（一九一二〜一九九〇）の詩『エレベーター』にも謳われた。

アメリカではオレゴンシティに、鉄塔の「オレゴン市営エレベーター」（二七メートル、一九一五年）が開業し、鉄道駅近くから市内へ行きやすくなった。それまでは一八七四年につくられた木製階段だけだった。[150] 当初は水圧式で三分もかかっての昇降だったが、一九二四年に電動式になると三〇秒に短縮された。一九五五年、鉄筋コンクリート造の塔が新築されたため、古い鉄塔は解体された。機材はオーティス社製で一五秒で運行している。南米チリの港町ヴァルパライーソは、ヨーロッパの港町とは逆で、丘陵地に貧民層の住宅が密集するため、二〇基のケーブルカーと交通エレベーターがある。その特異性からユネスコ世界遺産になった町だ。エレベーターといっても急勾配の傾斜のついたケーブルカーのようなものが多く、垂直のエレベーター塔は「ポランコのエレベーター」（六〇メートル、一九一六年）だけである。

エッフェル塔

観光・娯楽用にせよ都市交通のためにせよ、エレベーター付き鉄塔のブームには、エレベーターの発達はもとより、新しい建材「鉄」が、一九世紀に急速に普及したことが背景にある。最初は主に温室、青物市場、駅舎、工場建築など大規模建築に鉄が使われた。一八五一年の大英博覧会では、ガラスと鉄でつくった巨大温室のようなパビリオン「水晶宮（クリスタル・パレス）」が話題をさらい、一八五三年のニューヨーク万博でも小型版クリスタル・パレスがつくられたが、何かほかの前代未踏の建物で人々を驚かせる必要があった。そこで建設されたのが、細長い八角錐形の高層展望塔「ラッティング・オブザーヴァトリー」（九六メートル、一八五三年建設、一八五六年に焼失）（図4-11）だった。木造で、内部に蒸気式エレベーターを設置する案は実現されなかったが、ともかくもニューヨークはもちろんアメリカで最も高い建物となったことは快挙だった。

一八八九年のフランス革命百周年を記念するパリ万博で設置するため、一八八四年、高さ三〇〇メートルを条件にした高層タワーの設計競技が行われ、鉄骨建築を専門とする建設業社エッフェル社の提出した「三〇〇メートルの塔」が採用された。エッフェル社の技術者エミール・ヌギエ（一八四〇〜一八九八）とモーリス・ケクラン（一八五六〜一九四六）が骨組みの構造設計を行い（図4-12①）、建築家ステファン・ソーヴェストル（一八四七〜一九一九）がアーチや装飾的な部分をデザインした（図4-12②）。

図4-11 1853年のニューヨーク万博でのラッティング展望塔

普仏戦争での敗北を、高層建築の技術力で挽回する国家の威信がかかっているため、当初は、フランスを表す「ガリア」という愛国的な命名案もあった。一八八七年一月二八日、建設が始まると、景観を損ねると危惧した芸術家たちが団結し、論争が巻き起こった。二月一四日の『ル・タン』紙上で、作家のモーパッサン、画家のアドルフ・ブグロー、作曲家のグノーとマスネ、パリ・オペラ座の建築家シャルル・ガルニエらが、エッフェル塔に対する抗議文を発表した。エッフェル塔を好ましく思わなかった建築家ルイ＝シャルル・ボワローは、「ある三〇〇メートルの塔」（一八八七年五月六日）と題して、バロック装飾の付いたオベリスク型の高層石造記念碑の完成予想図を描いた。それは台座が凱旋門になっていて、頂上にはローマ風円型神殿があった。そこに添えられた諷刺詩の出だしは、「エッフェル塔は骸骨だ。よく骨がみえる」だ。[151]

アンチ・エッフェル塔の文学者たちは、エッフェル塔を詩の中で揶揄した。フランソワ・コペ（一八四二〜一九〇八）は、散文集『本音の言葉』（一八九一年）に、「エッフェル塔について」（一八八八年七月二二日）と題する詩を掲載し、その出だしで「私は巨大な塔を訪れた。扱い難い鉄のマスト、未完で、困惑させ、不恰好。この怪物は恐ろしい、やはり怪物そのもの。様式もなく美しくもない巨人。これは金属の偶像だ。不必要な怪力の象徴だ。醜悪の勝利なのか。」と書いている。[152]

モーパッサンのイタリア・チュニジア旅行記『流浪の生活』（一八九〇年）は、パリを抜け出すところから始まり、そこでエッフェル塔について、「このひょろ高い鉄のピラミッドは、ぶざまで巨大な骸骨で、その土台は、キュクロープス（ギリシャ神話の一つ目の巨人）の巨大建造物から持ってきて、その上に細くておかしな巨大煙突が放置されているようだ。」と皮肉って描写している。[153] モーパッサンがエッフェル塔を見なくてすむように、エッフェル塔のレストランに通ったという有名なエピソードは、ロラン・バルトが論考『エッフェル塔』（一九六四年）の冒頭で紹介している。[154] 小説家レオン・ブロワ（一八四六〜一九一七）は、エッセイ『剣闘士と豚飼い』（一九〇五年）の中で、「パリで私はこの本当に悲劇的な街路灯に脅かされてしまう」と、[155] ユイスマンスは、「建築中のパイプ工場で、これから石やレンガが積み込まれるのを待っている形骸。」[156] と書き、エッフェル塔に対して否定的だ。

しかしエッフェル塔は多くの人々にとって、好奇の対象だけでなく愛国のシンボルでもあり、展望台は大盛況だった。一八九六年のエッフェル塔のガイドブックによれば、当時の営業時間は午前一〇時から夜一〇時まで、前年の夏の入場者数は、第一展望台までが一、九六八、二八七人、第二展望台までが、一、二八三、二三〇人、最上階の第三展望台では五七九、三八四人を数えている。[157]

エッフェル塔の開業年、印象派の画家ジョルジュ＝ピエール・スーラはエッフェル塔の姿を描き、[158]塔に因んだ音楽『エッフェル塔交響曲』や『エッフェル塔ワルツ』なども作曲されている。アルマン・ブルガードは「エッフェル氏に捧ぐ三〇〇行からなる三〇〇メートルの塔」（一八八九年）と題し、エッフェル塔を賛える三〇〇行の詩でエッフェル塔の形を描いた。[159]このような絵になるように文を改行して書く作品をカリグラムというが、詩人ギヨーム・アポリネールも詩集『カリグラム』（一九一八年）の中で、いかにエッフェル塔がドイツを威嚇しているかを、エッフェル塔をかたどった文の中で風刺している（図4‐12③）。

万博終了後、エッフェル塔を解体するか保存するかが論点となった。一九〇〇年のパリ万博用に改築する案、その中にはエッフェル塔を完全に覆い隠す案も出たが、結局そのままの形で保存することに決まった。こうしてパリで活躍する芸術家たちはエッフェル塔を題材にした作品を発表するようになる。画家アンリ・リヴィエールは、木版画連作《エッフェル塔三十六景》（一九〇二年）で、葛飾北斎の《富嶽三十六景》の富士山から着想し、エッフェル塔のあるパリの風景を斬新なアングルから描いた。画家アンリ・ルソーがエッフェル塔のあるパリ風景を描き、特にロベール・ドローネーは、キュビズムの手法で様々な角度から、進歩の象徴としてのエッフェル塔に幾度も取り組み続けた（図4‐12④）。[160]詩人コクトーはバレエ音楽『エッフェル塔の婚礼カップル』（一九二〇年）の台本を書

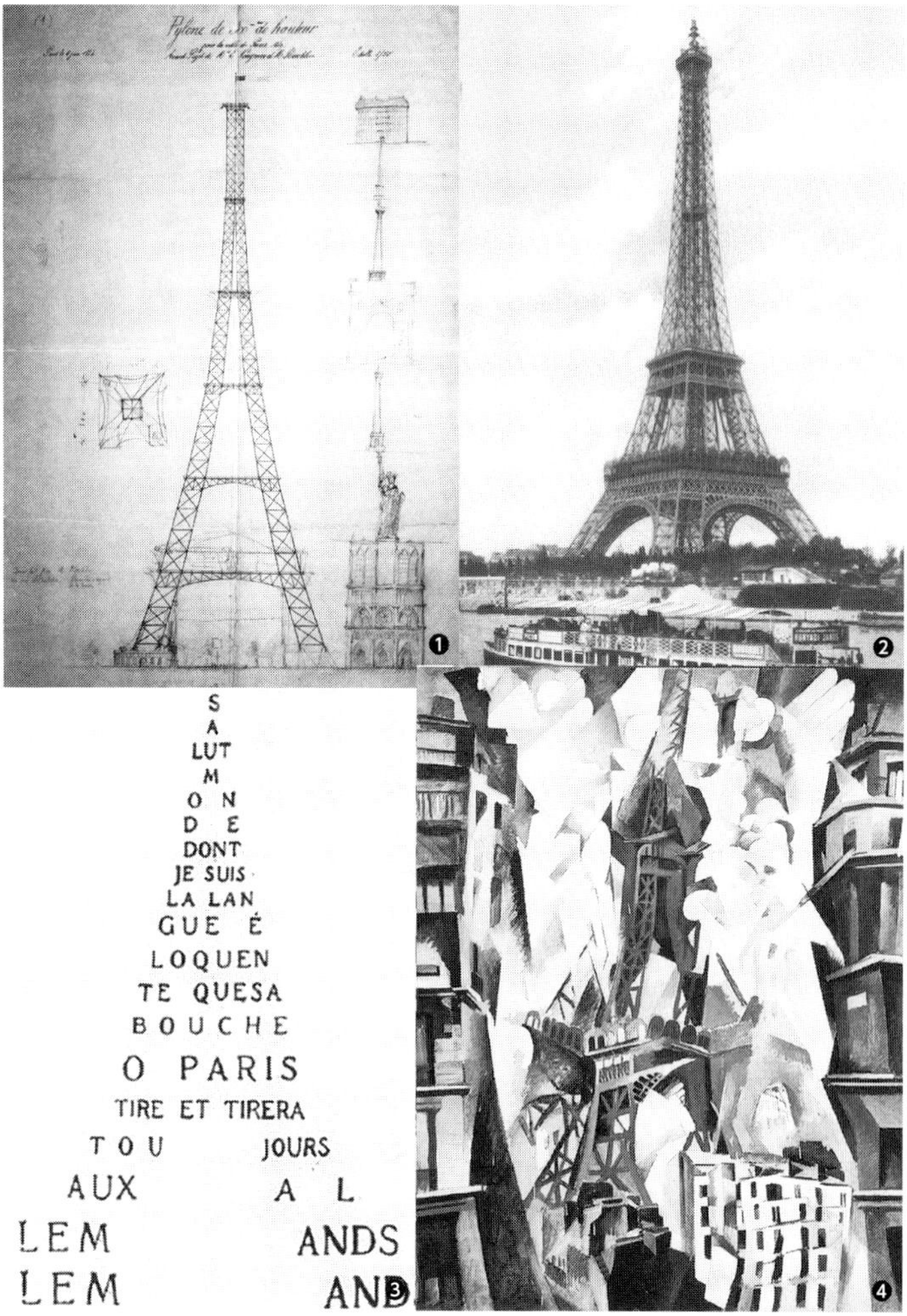
S
A
LUT
M
O N
D E
DONT
JE SUIS
LA LAN
GUE É
LOQUEN
TE QUESA
BOUCHE
O PARIS
TIRE ET TIRERA
TOU JOURS
AUX A L
LEM ANDS
LEM AND

図4-12　①モーリス・ケクランによる「300メートルの塔」の青焼き図面（1884年頃）、②エッフェル塔（20世紀初頭の観光絵葉書）、③アポリネールの『カリグラム』のエッフェル塔（1918年）、④ドローネー《エッフェル塔》（1911年、ソロモン・R・グッゲンハイム美術館蔵）

き、作家ジャン・ジロドゥも『エッフェル塔の祈り』（一九二三年）という作品を残し、エッフェル塔は文学作品の主役として取り入れられた。

一八九〇年のロンドンの「グレート・タワー」コンペ
――エッフェル塔を超えろ！

エッフェル塔に敵対心を燃やしたイギリスは、エッフェル塔より高い鉄塔を建てようと考えた。国会議員でメトロポリタン鉄道の社長であるエドワード・ワトキン卿（一八一九～一九〇一）がこの計画に乗り出し、「ザ・タワー有限会社」を設立した。当初ワトキン卿は、ギュスターヴ・エッフェルに塔の設計を依頼しようとしたが、エッフェルはフランス国民の心情を考えて、断らざるを得なかった。こうしてエッフェル塔建設の翌一八九〇年、ロンドンに巨大な塔《グレート・タワー》を建設するため、五〇〇ギニーの懸賞コンペが行われた。

六八件の計画案が提出され、高さが最も低い案でもエッフェル塔より高い三二六メートル、最も高い案が七〇〇メートルだった。[161] 多くの設計案がエッフェル塔を超えるキリのよい数字の一二〇〇フィート（三六五メートル）だった。

エッフェル塔から着想されたデザインが主流だったが、なかにはバベルの塔を思わせるもの、ピサの斜塔のようなもの、クリスタル・パレスを塔にしたようなもの、ネジのような形をしたもの、モダンなもの、ゴシック聖堂のようなもの（図4-14）と様々な意匠があったが、特に独創的だったのは、頂点に球体を置きネオ・ゴシック様式の装飾が施された、ナポリ在住のイギリス人建築家レイモント・ヤング（一八五一～一九二九）の案だろう（図4-15）。しかし結局一位に輝いたのはエッフェル塔そっくりの案だった（図4-13①）。高さ三六五メートルのトラス構造の鉄塔で、八脚八角形の平面、ディテールにはアラベスク装飾がある。[162] 二五〇ギニーの賞金を与えられた二等の設計案は三九六メートルで、これもエッフェル塔に似ており、一等と同じく八脚八角形の平面、台座の部分にはジャコビアン様式の建物が付随し、この部分にホテル、レストラン、住宅、オフィス、デパート、コンサートホールなども入居させる案だった（図4-13②）[163]。

一八九一年、土木技師ベンジャミン・ベイカー（一八四〇～一九〇七）の設計で、一等案の塔の建設が始まった。立地がウェンブリー公園内なので、塔の名は「ウェンブリー・タワー」もしくは出資者のワトキン卿の名をとって「ワトキン・タワー」とよばれたが、やがて「ワトキンの狂気《フォリー》」とささやかれるようになる。というのも資金不足から、平面はコンペ当選時の八角形ではなく四角形に縮小されたうえ、一八九四年には建設も中断し、第一層（四七メートル）のみの完成に留まった奇妙な構造物に

図4-13　①ワトキン・タワー（1890年のロンドンの「グレート・タワー」コンペ1等案）、②1890年のロンドンの「グレート・タワー」コンペ2等案

図4-14 1890年のロンドンの「グレート・タワー」コンペ案各種

なってしまったからだ。中心部にエレベーターが設置され、しばらくは展望テラスとして使用されていたが、一八九九年にはワトキン卿の「ザ・タワー有限会社」は解散し、一九〇七年、「ワトキンの狂気《フォリー》」は解体された。

エッフェル塔の子供たち——エッフェル塔を模した塔いろいろ

エッフェル塔の登場後、高さは超えられなくともエッフェル塔を模した、あるいは意識した展望塔が、ヨーロッパ各地で続々と建設されるようになった。その多くは、国際博覧会の際にできたものである。以下年代順に見てゆくと、まずチェコのプラハ万博に伴い、エッフェル塔を模した八角形の「ペトリン・タワー」（六三・五メートル、一八九一年）（図4-16①）が、郊外の丘陵地ペトリンに建設された。チェコ観光クラブでも活躍する作家で政治家のヴィレーム・クルツ（一八四七〜一九〇二）の提案によるもので、この展望台へは、二九九段の螺旋階段か、エレベーターで上ることができ[164]、現在も観光名所と

図4-15　レイモント・ヤングによる「グレート・タワー」案

して残っている。[165]サンフランシスコで行われた「カリフォルニア・ミッドウィンター国際博覧会」でも鉄塔（八一メートル、一八九四年）（図4-16②）が建てられ、『タワー・ワルツ』という曲までつくられるほどだった。昼間はエレベーターで上れる展望塔として、夜間は電飾塔として、頂上からビームのような光線を発する演出が行われた。展望台はエッフェル塔と同じく三種類の高さの位置に付けられていた。

フランスでも同年、リヨン万博があり、フルヴィエールの丘に「フルヴィエール鉄骨タワー」（八五メートル、一八九四年）（図4-16③）が建った。これはエッフェル塔の第二展望台から頂上までの部分に似せられ、その台座部分にある二階建ての建物は、ネオ・バロック様式で四隅ごとにドームを頂き、ここにはカフェ、レストランが備えられた。定員二二名の水圧式エレベーターで展望台に上がることができ、当時のガイドブックには「エッフェル塔の縮小版」と紹介され、展望テラスは夏のみの営業だった。[166]戦後はテレビ・ラジオアンテナとしての機能に留まり一般客の入場はできず、ベル・エポック時代の装飾のあった頂上部と階下にある優雅な建物は解体され、今は当時と様変わりしてしまった。

フルヴィエールの塔の開業と同年、イギリスにもエッフェル塔の第二展望台から頂上までの部分を真似た塔が建った。海浜町ブラックプールにある「ブラックプール・タワー」（一五八メートル、一八九四年）（図4-16④）である。エッフェル塔を見て感銘を受けた市長ジョン・ビッカースタッフが自ら「ブラックプール・タワー会社」を設立し、エッフェル塔を模した塔の建設を推進したのだ。設計は建築家ジェイムズ・マクスウェルとチャールズ・テュークが手がけた。展望台に上るエレベーターは、四五名乗りの水圧式で、鉄塔の台座部分の建物はジャコビアン様式、内部にはレストラン、サンルーム、劇場、ダンスホール、サーカス、水族館などの娯楽施設があった。

イギリスの大衆向け海浜リゾート地では、エレベーター付き展望塔に登ることは、行楽客にとって格好のアトラクションで、一八九八年には海浜町モアカンブでも、海水浴客の集客を狙った鉄塔が建てられた。円錐のような形で、高さは七〇・五メートルであったが、第一次大戦中に解体された。海浜町ワラジーでもブラックプール・タワーと同じ設計者による「ニュー・ブライトン・タワー」（一七八・二メートル、一九〇〇年）（図4-16⑤）が建設された。この建物はイギリスで最も高い建物となり、三〇〇フィート（約九一メートル）を超える建物では水圧式より電動エレベーターの方が経済的と判断され、当時としては珍しく建設当初から電動エレベーターが設置されていた。ここでも、鉄塔の台座部にはジャコビアン様式の豪華な建物が付随し、レストラン、劇場やダンスホールなどの娯楽施設が入っていた。しかし第一次大戦による経営難で閉鎖されると、鉄塔が錆びつき、一九一九～二一年に一部が解体され、一九六九年の火災で全焼した。

一九〇五年には、コペンハーゲンの動物園内には、木造であるがエッフェル塔を模した小さな「動物園タワー」（四三・五メートル）（図4-16⑥）が建設された。当時は内部にエレベーターが設置されていたが、現在は撤去され一八二段の階段しか残っていない。

日本では当時東洋一の高さと謳われた大阪の初代「通天閣」（七五メートル、一九一二年）（図4-16⑦）が[167]、エッフェル塔とパリの凱旋門を組み合わせたデザインとしてよく伝えられている。しかし古典的なデザインの凱旋門とは全く似ておらず、折衷様式の建築物の上に鉄塔が聳えるアイディアは、リヨンやイギリスの海浜町にできたタワーの系譜に属している。設計は設楽貞雄で、施工は奇しくも東京スカイツリーと同じ大林組であった。初代通天閣は、遊園地《ルナパーク》「新世界」内にあり、もう一つの塔「白　塔《ホワイトタワー》」（当時はここにビリケンがあった）[168]とロープウェイで結ばれたアトラクションだった。一九四三年、初代通天閣は火災で鉄骨が歪み、第二次大戦の鉄材供給により解体された。解体中の写真を見ると、エッフェル塔そっくりの足が建物の中にあったことがわかる。今日みられる一〇三メートルの高さの通天閣（設計：内藤多仲、施工：奥村組）は一九五六年に建設された。

ロシア・アヴァンギャルドの芸術家ウラジーミル・タトリン（一八八五〜一九五三）がデザインした「タトリン・タワー」（四〇〇メートル、一九一九年）は、エッフェル塔を斜めにらせん状にしたような斬新なデザインで、あまりに超高層でもあったので実現しなかった。その建設目的は、国家が標榜する共産主義組織コミンテルンを賛美する「第三インターナショナル記念塔」としてだった。

バルセロナにもエッフェル塔のようなデザインの「ハイメI世の塔」（一〇七メートル、一九三一年）（図4-16⑧）があるが、これは港へ行くロープウェイの支柱で、エレベーターで頂上から乗車する駅の役割を果たしている。

エッフェル塔に似た愛国モニュメントの例に、グアテマラシティの「改革者の塔」（七五メートル、一九三五年）がある。大統領フスト・ルフィーノ・バリオスの生誕百年を記念したもので、展望塔の役割もない。パキスタンのラホールにある「パキスタン・タワー」（六二メートル、一九六八年）（図4-16⑨）も、ラホール決議を記念した愛国モニュメントだが、エッフェル塔を髣髴とさせるエレベーター付き展望塔でもあり、ミナレットの役割もある。

図4-16　①1891年プラハ万博で登場した「ペトリン・タワー」(20世紀初頭の観光絵葉書)、②カリフォルニア・ミッドウィンター国際博覧会の鉄塔(20世紀初頭の観光絵葉書)、③1894年リヨン万博で登場した「フルヴィエール鉄骨タワー」(20世紀初頭の観光絵葉書)、④ブラックプール・タワー(20世紀初頭の観光絵葉書)、⑤ニュー・ブライトン・タワー(20世紀初頭の観光絵葉書)、⑥コペンハーゲンの「動物園タワー」(20世紀初頭の観光絵葉書)、⑦大阪の初代「通天閣」(20世紀初頭の観光絵葉書)、⑧バルセロナの「ハイメⅠ世の塔」(写真：flickr by SBA73)、⑨パキスタン・タワー(写真：Wikimedia by Irfan0552007)、⑩ドラゴン・タワー(写真：flickr by freddie boy)、⑪アルセロール・ミッタル・オービット(写真：flickr by David Jones)

近年では中国ハルビンに建った電波塔「龍塔《ドラゴン・タワー》」（三三六メートル、二〇〇〇年）（図4-16⑩）が、展望台やレストランも備え、エッフェル塔のような優美さを放っている。二〇一二年のロンドン・オリンピックの際に建設された展望塔「アルセロール・ミッタル・オービット」（一一五メートル）（図4-16⑪）も、エッフェル塔を意識したものである。鉄鋼王アルセロール・ミッタルが資金の一部と自社の鋼鉄を提供したオリンピックのシンボルタワーで、斬新なデザイン性で話題をさらった。「オービット（軌道）」運動の経路と、先にふれたタトリン・タワーからインスパイアされたという。[169]

万博塔（エッフェル塔を模していない場合）

エッフェル塔が万博のシンボルとして誕生したように、博覧会には必ずといってよいほどシンボルタワーが付きもので、会期後も取り壊されず、永久保存されることも少なくない。一大イベントに華を添える存在として建った「万博塔」は、エッフェル塔以前からあるが、初期のものは低く、時計塔であったり、[170]工業の発展をテーマにした博覧会では、エレベーター・タワーや給水塔がシンボルタワーになった。ときには記念碑的なものがシンボルタワーの代わりになり、例えば一八八八年のバルセロナ博のシンボルとなったのは、今も残る「コロンブス柱」（六〇メートル）で、古代ローマ皇帝の記念柱（フォカスの記念柱）を模したものである。

一八八九年のエッフェル塔建設後は、前述したようにエッフェル塔を意識したタワーが流行ったが、結局高さでエッフェル塔にはかなわないので、やがて豪華さ、洗練さ、芸術性といったデザインを重視して、万博のシンボルタワーが建設されるようになってきた。一九〇一年のバッファローで開催された「汎アメリカ博覧会」の会場を飾ったのは、古典主義的バロックな電飾塔《エレクトリック・タワー》（図4-17①）で、スペインのヒラルダの塔（第一章参照）によく似ている。この塔からインスパイアされたのが、同市に建った同名の高層オフィスビル「エレクトリック・タワー」（八九・六メートル、一九一二年）である。八角形の建物で、当時は町で一番高い建物だった。一九一五年、サンフランシスコで行われた「パナマ太平洋博覧会」には、「宝石の塔」（図4-17②）とよばれるシンボルタワーが君臨した。凱旋門とアレクサンドリアの大灯台を組み合わせたようなモニュメンタルな古典主義様式の塔である。

一九二五年にグルノーブルで行われた「観光と水力発電の国際博覧会」では、鉄筋コンクリートの素材を生かしたアール・デコの展望塔「オリエーテンション・タワー（ペレ・タワー）」（九五メートル）（図4-17⑤）が建てられたが、これは建築家オーギュスト・ペレのデザインのため建築史的な価値の高さから保存されている。なおペレは後にアミアンに「ペレ塔」（一〇三メートル、一九五四年）とよばれるフランス初期の住宅用高層ビルも建てている（図4-17④）。

一九二九年のバルセロナ万博では、ホルバ社の広告塔のようにJORBAと社名のアルファベット表記を縦に配置しながらエッフェル塔を模した形状をしたものや（図4-17⑤）、ヴェネツィアのサン・マルコ広場の鐘楼を模した双子の塔（四七メートル）も建てられている。

図4-17　①1901年バッファロー博での電飾塔（エレクトリック・タワー）（当時の写真）、②1915年サンフランシスコ博の「宝石の塔」（20世紀初頭の観光絵葉書）、③1925年グルノーブル博の「オリエーテンション・タワー（ペレ・タワー）」（写真：flickr by demiante）、④アミアンの初期の高層ビル「ペレ塔」（写真：flickr by markeff66）、⑤1929年バルセロナ博のJORBA社広告塔（当時の観光絵葉書）、⑥⑦1931年のパリで行われた「国際植民博覧会」での様々な塔屋付きパヴィリオンと塔（当時の観光絵葉書）、⑧1933年シカゴ博の「ハヴォリン温度計塔」（当時の観光絵葉書）

一九三一年のパリで行われた「国際植民博覧会」での各国のパビリオンには、国を代表する伝統建築の塔が付き、塔だらけの万博であったが（図4-17⑥）、シンボルタワーとなったのはブロンズ製の「海外勢力の記念碑」（八二メートル）（図4-17⑦）だった。

一九三三年に行われたシカゴ万博（「進歩の一世紀」博覧会）では、少なくとも五つの塔が建っていた。モニュメンタルなアール・デコ様式の四五メートルの高さの三棟の「フルーテッド（溝のついた）・タワー」

（図4-18⑤）、合理主義建築のカリヨン・タワー、世界最大の温度計でもある「ハヴォリン温度計塔」（六六メートル）（図4-17⑧）である。また「スカイライド」（図4-18①）というアトラクションは、二体の鉄塔を結んだ九三〇メートルの距離のレールの下を走行する乗り物《ロケット・カー》で、この二体の鉄塔がシカゴで最も高い展望塔（一九一メートル）でもあり[171]、まさに博覧会のテーマ「進歩」を象徴する建造物だった。

一九三八年、グラスゴーで開催された「スコットランド帝国博覧会」にも、アール・デコ様式の美しいシンボルタワー（九一メートル）があったが取り壊されてしまった。

一九三九年のニューヨーク万博のシンボルは、オベリスクを思わせるシンプルな細長い鋭角の三角錐の塔「トライロン」（一九〇メートル）と、直径五五メートルの巨大な球「ペリスフィア」（図4-18②）だったが、他にも木造の「スター・パイロン・タワー」が建った。これは頂上に備え付けられた星のような装飾が、夜には光り輝くというデザイン塔である。さらに「遊具塔」では、「ライフ・セイヴァー」（七六メートル）（図4-18③）というパラシュート・ジャンプのための鉄塔が建ち、ブルックリンのエッフェル塔とよばれたが、会期終了後はコニー・アイランドの遊園地が買い取り移築された[172]。

同じく一九三九年、サンフランシスコで行われた「ゴールデン・ゲイト国際博覧会」でシンボルタワーとして建てられたのは、アール・デコ様式でありながらゴシック尖塔のような白亜の「ワールズ・フェア・タワー」（または「太陽の塔」）」（図4-18④）だった。

一九六〇年に開催された第一回フロリアード（国際園芸見本市）を記念して建てられたロッテルダ

ムの「ユーロマスト」は、展望レストラン付きタワーである。当時は一〇一メートルありオランダで最も高い建物となったが、一九七〇年に屋上に八六メートルの「スペース・タワー」を増築することによって、今もオランダ一の座を守っている。

一九六二年のシアトル万博のシンボルタワー「スペース・ニードル」は、回転展望レストランの流行を促すこととなった（後述）。これ以降、万博のシンボルタワーの上層部が回転レストランになっているものが出てくる。

一九六四年ニューヨーク万博で建ったシンボルタワーは、円盤が頂上に載った高低差のある三基の塔が寄り添った60年代らしい近未来風の展望塔である。この博覧会では「光の塔」というクリスタルの氷柱のような意匠の塔をもつパビリオンもあった。

一九六七年のモントリオール万博での「タワー・アトラクション」（図4-18⑥）は、シュトゥットガルトの建築家ホルスト・ペーター・ドリンガーの設計で、七層のユニットを用いているのでメタボリズム建築のようである。木の枝の付いた樹木のように、各層にホテルの客室である四角いユニットが四つずつ計二八室が突き出していて、頂上の大きい二層の建物部分にレストランと展望室が置かれている。

戦後日本の一大イベントであった一九七〇年の大阪万博（日本万国博覧会）では、三つの塔が建った。一つは雷で焼失した東大寺の七重塔を再現したもの[173]、デザイン塔では会場跡地の万博記念公園に今も残る岡本太郎の「太陽の塔」（七〇メートル）（図4-18⑦）、シンボルタワーとして建ったのは「エキスポタワー」（一二七メートル）（図4-18⑧）で、当初は三〇〇メートルにする案もあった。菊

図4-18　①1933年シカゴ博の「スカイライド」（当時の観光絵葉書）、②1939年ニューヨーク博のシンボル「トライロンとペリスフィア」（当時の観光絵葉書）、③1939年ニューヨーク博のパラシュート・ジャンプ塔「ライフ・セイヴァー」（写真：Wikimedia by Karthik Tripurari）、④1939年サンフランシスコ博の「ワールズ・フェア・タワー（または太陽の塔）」（当時の観光絵葉書）、⑤1933年のシカゴ博の「フルーテッド・タワー」（当時の宣伝ポスター）、⑥1967年モントリオール博の「タワー・アトラクション」（当時の写真）、⑦1970年大阪万博の「太陽の塔」（写真：flickr by flickr MSades）、⑧1970年大阪万博の「エキスポタワー」（写真：Wikimedia by unknown）、⑨1982年ノックスヴィル博のシンボルタワー「サンスフィア」（写真：flickr by bobistravelling）

竹清訓設計のメタボリズム建築らしい複数の多面体のユニットが展望室になっていて、閉会後は遊園地エキスポランドのアトラクションとして使用されていたが、二〇〇三年に解体された。

一九八二年のノックスヴィルで行われた「国際エネルギー博覧会」の「サンスフィア」（八一メートル）（図4-18⑨）は、六角柱のタワーに直径二三メートルの金色の球体が載った近未来的デザインの展望台付きシンボルタワーである。一九八八年のブリスベン万博でのシンボルタワー「スカイ・ニードル」

図4-19　1989年リスボン博の「ヴァスコ・ダ・ガマ・タワー」(写真：Wikimedia by Utilisateur. Calips)

は、八八年の開催年に因んで八八メートルの高さに設計された塔で、閉会後は東京ディズニーランドに移築する計画もあったが、ブリスベン市内に移築され今も残っている。

一九八九年のリスボン万国博の「ヴァスコ・ダ・ガマ・タワー」(一四五メートル)(図4-19)は、探検家ヴァスコ・ダ・ガマのインド上陸五百周年を記念し、帆船の帆をイメージしたデザイン塔である。レストラン付きの展望タワーであったが、二〇一二年、塔に付随していた地上三階建ての建物を解体し、二〇階建てのホテルが塔の真横に建った。

戦後の万博シンボルタワーは、ときには超高層を売りにすることがあったが、八〇年代以降は、超高層ビルが増えてきたので、万博のシンボルを高層タワーに依存する必要はなくなった。

大観覧車

「大観覧車」は、回転展望タワーといえる。エッフェル塔をライバル視してアメリカで誕生し、規模を拡大しながら世界各地に広がっていった。初めは博覧会に合わせて設置され、日本初の観覧車も、一九〇六年の大阪の日露戦争戦捷紀念博覧会、一九〇七年の東京勧業博覧会で登場している。[174] しかし当時の遊園地では、まだ塔そのものの存在も非日常で斬新であったので、派手な様式の塔をつくり、夜間に電飾することですでにアトラクションだった。アメリカでは、ニューヘヴン、クリーヴランド、シカゴ、コニー・アイランドなどの遊園地には電飾塔《エレクトリック・タワー》（図4-20）や「ドリームランド・タワー」があり、遊園地を彩るシンボルとなっていた。時代とともに遊園地の遊具が進化し多様化すると電飾塔《エレクトリック・タワー》は廃れ、遊園地の花形となった観覧車も徐々に地味な存在となっていった。近年では観覧車はもはや遊具ではなく、都市を展望する「動く高層タワー」として大規模化し、町の中心部に、つまり遊園地の外につくられるようになってくる。これは大観覧車が、エッフェル塔に対抗して展望目的で大規模につくろうとしていた初期のコンセプトに回帰しているようである。

図4-20　①シカゴ・サンスーシ遊園地の「エレクトリック・タワー」と飛行船の遊具（20世紀初頭の観光絵葉書）、②シカゴ・ホワイトシティー遊園地の「エレクトリック・タワー」（20世紀初頭の観光絵葉書）

　世界初の観覧車は、一八九三年のシカゴ万博「世界コロンブス博覧会」で登場した。発明者の技師ジョージ・フェリス（一八五九〜一八九六）の名をとって「フェリス・ホイール（フェリスの車輪）」（八〇メートル）（図4-21①）とよばれ、三六基のゴンドラが付き、立ち乗りを含めて各六〇名（椅子は四〇席）、合計二一六〇名が乗ることができた。博覧会終了後は、シカゴのリンカーン公園に移築され一九〇三年まで営業していた。一九〇四年のセントルイス博覧会で使用するため移築されたが、一九〇六年に解体されてしまった。

イギリスは、この「フェリス・ホイール」に対抗し、世界で最も大きい観覧車「グレート・ホイール（大車輪）」（九四メートル）をつくった（図4-21③）。一八九五年のロンドンのアールズコートで開催された「インド帝国博覧会」で登場し、四〇基のゴンドラが付いていた。グレート・ホイールは、一八九七年、同会場で開催された「ヴィクトリア朝博覧会」でも活躍し[175]、一九〇六年の「オーストリア帝国博覧会」でも使用されたが、翌一九〇七年に解体された。

エッフェル塔を模した展望タワーのある海浜町ブラックプールでは、地元のアミューズメントパーク会社が[176]、ブラックプール・タワーの対抗策として観覧車をつくり、一八九六年、「ブラックプール・ジガンティック・ホイール（ブラックプール巨大車輪）」（六五メートル）（図4-21②）が誕生した。三〇基のゴンドラが付き、各四〇名計一二〇〇名乗りだったが、一九二八年解体され、その材料を使って記念コインがつくられた[177]。

ウィーンのプラーター遊園地の大観覧車「リーゼンラート」（六四・七五メートル）（図4-21④）は、一八九七年、フランツ・ヨーゼフI世皇帝即位五十周年を記念してつくられた。映画『第三の男』（一九四九年）の舞台にもなった有名な観覧車で、当初は三〇基を備えていたが、第二次大戦中の爆撃を受け損傷し、現在は半減させて一五基のゴンドラで営業が続く、最古の歴史的観覧車であ

図4-21　①1893年シカゴ博の「フェリス・ホイール」（20世紀初頭の観光絵葉書）、②タワーよりも高く見えるよう撮影されたブラックプール・ジガンティック・ホイール（20世紀初頭の観光絵葉書）、③1895年ロンドン博の「グレート・ホイール」（20世紀初頭の観光絵葉書）、④ウィーンのプラーター遊園地の大観覧車「リーゼンラート」（20世紀初頭の観光絵葉書）、⑤エッフェル塔より高く見えるよう撮影された1900年パリ博の「グランド・ル」（20世紀初頭の観光絵葉書）

る。

一九〇〇年の「パリ博覧会」で登場した四〇基のカゴを備えた大観覧車「グランド・ル」（一〇〇メートル）（図4-21⑤）は、世界一高い観覧車の記録を更新した。一九二〇年に解体されたもの、一九八九年の「横浜博覧会」での観覧車「コスモクロック21」（一〇七・五メートル）[178]が登場するまで世界一の座を保っていた。現在世界で最も高い観覧車は、シンガポールの「シンガポール・フライヤー」

（一六五メートル、二〇〇八年）である。

アミューズメント・タワー

遊具としての鉄塔も、エッフェル塔建設を皮切りに誕生してゆく。一八九〇年、アメリカ・ニュージャージー州の海浜町アトランティックシティーに「回転昇降タワー」（三八メートル）が登場した（図4-22①[179]）。エッフェル塔からヒントを得たが、もちろん高さではかなわないので、回転しながら昇降する特殊エレベーターを装備した、鉄塔のアトラクションをつくったのである。この「回転昇降タワー」に目を付けたのが、イギリス人技師トマス・ワーウィックであった。彼はアメリカ人女性を妻にして祖国に帰り、一八九五年、「ワーウィック回転タワー会社」を設立した。回転昇降タワーの特許を取得し、これを「ワーウィック回転タワー」と名付けて、イギリスの海浜リゾート地に次々と建てていった。このアトラクション・タワーは、大衆海水浴客をターゲットに、大衆的海浜リゾート地を中心に増加してゆく。最初の「ワーウィック回転タワー」（四五・七メートル）は、ヴィクトリア女王即位二十周年を祝う一八九七年、ノーフォーク州の海浜町グレートヤーマスにできた（図4-22②）。アトランティックシティーのものより七メートル以上高く、定員は約二〇〇名であった。翌年にはランカシャー州モアカンブとヨークシャー州スカラバラー、一八九九年にはマン島のダグラス、エセックス州サウスエンド・オン・シー、ケント州マーゲイトといったイギリス各地の海浜リゾート地に、同じモデルの「ワーウィック回転タワー」が設置されていった（図4-23①）。しかし会社は一九〇一年に倒産、[180]翌年にはモアカンブの回転タワーが解体され、他の町のものも徐々に消えていった。[181]グレートヤーマスの回転タワーは、[182]一九三九年まで運営されていたが、第二次大戦の物資供給のため一九四一年に解体された。

　エッフェル塔を高さで超えられない代わりに、娯楽性で勝負する鉄塔、「遊具塔《アミューズメント・タワー》」が、万博会場や遊園地に建設されるようになる。イギリスでは「フリップ・フラップ」（図4-23②）とよばれる鉄骨のシーソー型の上下タワーが現れた。その後、試行錯誤を重ねながら色々なタイプの遊具塔《アミューズメント・タワー》が、とりわけアメリカと日本を中心にして発展を遂げてゆく。

図4-22　①アトランティックシティーの「回転昇降タワー」（20世紀初頭の観光絵葉書）、②グレートヤーマスの「ワーウィック回転タワー」（20世紀初頭の観光絵葉書）

　一九〇八年、ロンドンのグレート・ホワイト・シティー遊園地で行われた「仏英博覧会」で登場した「フリップ・フラップ」は、二体の鉄塔のような躯体が互い違いに左右上下運動し、この塔の頂点に位置するエレベーターのカゴのような小部屋に入って、スリルとパノラマを同時に楽しむアトラクションだった。フリップ・フラップは、一九〇九年の「帝国国際博覧会」、一九一一年の「戴冠博覧会」にも受け継がれ、一九一二年の「羅英博覧会」の際の改良で、カゴ自体が回転するようになった。この回転円形カゴの付いたフリップ・フラップは、一九一四年の「英米博覧会」でも人気を博した。

ニューヨーク近郊コニー・アイランドの遊園地では、エッフェル塔に対抗して、鉄でできた地球儀のような七〇〇フィート（二一三メートル）の「グローブ・タワー」（図4-23③）をつくるユートピア的な計画案があったが実現せず、その代わりに一八九四年にエッフェル塔に似た「回転飛行船タワー」という鉄塔が登場し、一九〇七年まで運転していたが、後

図4-23　①サウスエンド・オン・シーの「ワーウィック回転タワー」（20世紀初頭の観光絵葉書）、②1908年ロンドン「仏英博覧会」で登場した「フリップ・フラップ」（20世紀初頭の観光絵葉書）、③コニー・アイランド遊園地の「グローブ・タワー」（20世紀初頭の観光絵葉書）、④コニー・アイランド遊園地の「回転飛行船タワー」（20世紀初頭の観光絵葉書）、⑤1915年サンフランシスコ博の「アエロスコープ」（20世紀初頭の観光絵葉書）、⑥生駒山上遊園地の「スカイライドいこま」（写真：Wikimedia by Ogiyoshisan）

に給水塔に転用された（図4-23④）[183]。

一九一五年、サンフランシスコで開催された「パナマ太平洋博覧会」では、「アエロスコープ」（七一メートル）（図4-23⑤）というフリップ・フラップに似た遊具塔《アミューズメント・タワー》が登場した。アエロスコープは、フリップ・フラップが二つの塔をもっていたのに対して、鉄塔は一つだった。

同じ頃日本では、世界初の「飛行塔」が誕生した。鉄塔に枝葉のように付いた観覧車が上下するアトラクションで、遊園地の遊具を専門とする土井文化運動機製作所の土井万蔵が考案した[184]。現存する最古の飛行塔は、一九二九年に開園した奈良県生駒市の生駒山上遊園地の「スカイライドいこま」（三二メートル）（図4-23⑥）である。第二次大戦中、この飛行塔は海軍の監視塔に利用されたため、鉄材供給での解体を免れた。一九五〇年には、長岡市博覧会にも飛行塔が登場し[185]、同年、浅草花やしきにも飛行塔「Ｂｅｅタワー」（四五メートル）が設置された。一九七〇年の大阪万博会場にできた飛行塔（五六メートル）は日本で最も高いものとなった[186]。

回転展望レストランとタワー

エッフェル塔建設以来、展望タワーの楽しみの一つに、展望階にあるレストランで眺望を楽しみながら食事をすることが加わった。しかしエッフェル塔を模したブラックプール・タワーもリヨンのフルヴィエール・タワーも、レストランはあっても低層階の中だった。エッフェル塔のように上階に行くにつれて幅が狭くなるタワーでは、最上部の展望階はスペースが確保できず、レストランは途中階に設置されるが、塔自体の高さが充分あれば、展望レストランの役割は果たせるのである。当然ながら最上層階に展望レストランが入るには、箱型の建物が適しており、アメリカの高層ビルにはすでに展望レストランがあったが、ヨーロッパで初期のものはナチス時代、ケルンの見本市会場にあるオフィスビル「メッセ・タワー」（八〇メートル、一九二八年）（図4-24①）の最上階にできた展望レストランだった。

タワー上層階の展望レストランの流行は、一九五〇年代のテレビ塔の建設とともに発生し、とりわけドイツで顕著だった。ポールの上に鳥の巣が載ったような形をしたテレビ塔が、その頃のドイツで普及したため、ドイツ語には「塔カゴ Turmkob」（あるいは「塔頭 Turmkopf」）という単語ができた。この塔の上に載った一定面積を確保できる「塔カゴ」部分に、展望レストランが置かれるようになったのだ。「塔カゴ」の平面形状は円であることが多く、それはやがて「回転レストラン」へステップアップすることになった。

「塔カゴ」内に展望レストランが入るテレビ塔の雛形になったのは、シュトゥットガルトのテレビ塔（四八三メートル、一九五六年）（図4-24②）だった。テレビ塔を専門とする建築家エルヴィン・ハインレ（一九一七〜二〇〇二）とフリッツ・レオンハルト（一九〇九〜一九九九）による設計で、これより「塔カゴ」付きのテレビ塔がドイツ各地に建つようになる。[187]

「回転展望レストラン」が最初にできたのは、ドルトムントのテレビ塔「フロリアン・タワー」（二〇六メートル、一九五九年）で、地上一三八メートルの階に回転レストランが置かれ、今も営業が続いている。ドイツでは一九六〇～七〇年代、「塔カゴ」に回転展望レストランを置いたテレビ塔が次々と登場する。ハンブルクの「ハインリヒ・ヘルツ・タワー」*（二七九メートル、一九六八年）、ミュンヘンの「オリンピック塔」（二九一メートル、一九六八年）（図4-24③）、ベルリンのテレビ塔（三六八メートル、一九六九年）、ドレスデンのテレビ塔（二五二メートル、一九六九年）、フランクフルトの「ヨーロッパ・タワー」（三三七メートル、一九七四年）、マンハイムのテレビ塔（二一二メートル、一九七五年）、ニュルンベルクの電波塔*（二九二メートル、一九八〇年）、ケルンのテレビ塔「コロニウス」（二六六メートル、一九八一年）、デュッセルドルフの「ライン・タワー」（二四〇メートル、一九八二年）がそうである（ただし*印は閉業している）。

変わり種は、フランクフルト郊外にある「ヘニンガー・タワー」*（一一八メートル、一九六一年）（図4-24④）で、ビール醸成のヘニンガー社の塔状の穀物サイロの上に「塔カゴ」を載せ、展望回転レストランと電波塔にしたものである。これは、世界各地の高層ホテルなどの屋上に円盤状の回転レストラン棟を設置するタイプを先取りしていた。

ドイツの回転レストラン付きテレビ塔は、世界のテレビ塔に影響を与えた。二〇〇九年まで世界一高いテレビ塔だったカナダ・トロントの「CNタワー」（五五三メートル、一九七五年）（図4-24⑤）はその代表例だが、一九八〇年代以降は、主に南半球と中国で、超高層のテレビ塔に回転展望レストランが付くようになった。例えばオーストラリアの「シドニー・タワー」（三〇五メートル、一九八一年）、南半球一高いニュージーランド・オークランドの「スカイ・タワー」（三二八メートル、一九九七年）、マカオの「マカオ・タワー」（三三八メートル、二〇〇一年）、上海の「東方明珠電視塔（オリエンタルパールタワー）」（四六八メートル、一九九四年）などにも回転レストランが置かれている。

やがてテレビ塔だけでなく、世界各地の観光目的の展望塔や、万博などの一大イベント時に建設されるシンボルタワーにも、回転レストランが付くようになった。オーストリア一高い建物でもあるウィーンの「ドナウ・タワー」（二五二メートル、一九六四年）には、典型的な「塔カゴ」付きのデザインで展望回転レストランがあるが、最初は観光用の展望塔として建てられ、ラジオ電波塔の役目も備えたのは近年になってからである。

テレビ塔と関係深い回転展望レストランだが、やがて高いビルの上に大きな円盤状の回転棟を載せることによって、テレビ塔でない建物にも普及してゆく。最初のものは一九六一年、ハワイ・ホノルルのアラモアナ・センタービル上に置かれた回転レストラン「ラ・ロンド」である。この宇宙基地のようなデザインを考案したシアトル出身の建築家ジョン・グレアムは、翌年のシアトル万博シンボルタワー「スペース・ニードル」（一八四メートル、一九六二年）（図4-24⑥）の設計も行い、円盤のような形をした回転展望レストランを設けている。日本でも一九六六年の姫路大博覧会でのシンボルタワーの頂上に、このタイプの円盤が置かれ、回転展望レストランが入っていた[188]。アメリカのサンアントニオ万博のシンボルタワー「タワー・オブ・アメリカズ」（二二九メートル、一九六八年）も、典型的な六〇年代の回転レストラン付き展望タワーであるが、グレアムの考案した円盤型よりもドイツの「塔カゴ」タイプに近い。このタワーは高さ記録に挑んだもので、建設当時はアメリカ一の高さとなった。

図4-24　①ケルン見本市会場の「メッセ・タワー」(写真：flickr by Rolf H.)、②シュトゥットガルトのテレビ塔（写真：Wikimedia by Taxiarchos228)、③ミュンヘンのテレビ塔「オリンピック塔」(写真：Wikimedia by Maximilian Dörrbecker (Chumwa))、④ヘニンガー・タワー（写真：flickr by arthurdent9642)、⑤トロントの「CN タワー」(写真：Wikimedia by Wladyslaw)、⑥1962年シアトル万博のシンボルタワー「スペース・ニードル」(写真：Wikimedia by Wknight94)、⑦ラスベガスのストラトスフィア・カジノ＆ホテル・タワー（写真：Wikimedia by Timjarrett)

「スペース・ニードル」を意識した円盤のような回転レストラン付きタワーは、ナイアガラの滝の「スカイロンタワー」、ダラスの展望塔「リユニオン・タワー」（一七一メートル、一九七八年）、ラスベガスの「ザ・ランドマーク・ホテル&カジノ」（一九六九年）などに受け継がれた。このホテルは廃業後の一九九五年にアトラクションとして爆破され、その様子を記録した映像はSF映画のワンシーンにも活用された。その後のラスベガスには、また新たな回転レストラン付きの超高層タワー「ストラトスフィア（成層圏）・カジノ&ホテル・タワー」（三五〇メートル、一九九六年）（図4-24⑦）が建っている。

一九六〇〜七〇年代は回転展望レストランのブームで、都会の高層ビルからアルプスの山頂まで、様々なタイプの建物の屋上に出現した。この時期に新築された高層ホテルには、回転レストランが付けられることもしばしばで、特にカナダに多かった。[189] 日本では、東京のホテル・ニューオータニが、一九六四年、回転レストラン付きの本館部分（現、「ザ・メイン」）を開業させた。その後、数多くのホテルの最上階に回転レストランができるが一九八〇年代より衰退し、なかにはかつて回転していたが現在は回転を停止させて営業を続けているレストランもある。

工業目的のタワー——煙突、給水塔、電波塔

もともと工業目的に建ったタワーが、観賞に値する観光資源になったり、登れるものであれば一般

客にも開放して展望台になったりする例は無数にある。一八五四年、イギリスのマン島のラクシーにある大水車の上層部に設置された観光用展望台は、その初期の例にあたるだろう（図4-25①）。二〇世紀初頭の観光絵葉書では、ときには工業的な建造物も題材になったが、特にタワー状のものは好まれやすい傾向にあった。ドイツの観光絵葉書には、世界で最も高い「煙突」が登場した。一八八九年、ハルスブリュッケにできた一四〇メートルの煙突である（図4-25②）。その高さ記録は、一九〇八年にアメリカ・モンタナ州グレート・フォールズにある、その名も「大煙突」（一五四メートル）（図4-25③）という煙突に越された。この「大煙突」は今も残っているが、「煉瓦造で」世界で最も高い煙突は、モンタナ州アナコンダに一九一九年に建ったものだ。なお、一九世紀に世界の高層建築の高さ比べ図《ダイアグラム》に登場した煙突は、四六〇フィート（一四〇メートル）のグラスゴーの煙突だった。

　現代でも煙突は観光資源的タワーとして扱われることもある。カラフルで奇抜な作風で知られるオーストリアの画家フンデルトヴァッサーのデザインしたウィーン・シュピッテラウのゴミ焼却場（一九八七年）の煙突は、モニュメンタルな芸術塔である。これは日本でも受け入れられ、大阪市は舞洲のゴミ処理工場（二〇〇一年）と下水汚泥処理施設（二〇〇四年）をフンデルトヴァッサーにデザインさせている。

　見た目は煙突そっくりであるが、弾丸製造工場に欠かせない塔状の建物がある。これは「ショット・タワー」というもので、この塔の中で適量の原料を落下させながら、弾丸の球形が整えられる。一九世紀の産業遺産で、今でもアメリカやドイツ各地、イギリスの支配下にあったオーストラリアやアイルランドなどにいくつか残っている。一八二八年に建設されたバルティモアの「ショット・タワー」（七一メートル）（図4-25④）は、当時はアメリカで最も高い建造物であり、観光絵葉書の恰好の題材になっていた。

給水塔は、鑑賞すべき塔の工業遺産であるとともに、特にドイツでは、給水塔が展望塔を兼ね備えていることも少なくない。[190] 高さ比べ図《ダイアグラム》にも登場した給水塔は、シカゴの給水塔（四七メートル、一八六九年）で、ネオ・ゴシック様式で城と煙突が組み合わさったようなデザインだ。高さはそれほどでないのに取り上げられたのは、その知名度のためで、一八七一年に町を襲った「シカゴの大火」に耐えた唯一の建物だったからである。この史上最悪の大火は、復興後、シカゴを高層建築都市にすることになった。

一九世紀末から二〇世紀初頭にかけて、美しい給水塔が、ヨーロッパ各地に建設されたが、装飾豊かな建築様式を駆使しているものが多かったのはドイツである。ドイツではかつての給水塔が近年ホテルに転用される例（ケルン、ハンブルク）もあるが、これは当時いかに給水塔を様式美に沿って立派に建てていたかの証である。ドイツ語には「給水塔住宅 Wohnwasserturm」という言葉まであるほど、給水塔が高層住宅ビルの役目も担った例が少なくない。[191] 工業先進国として邁進していたドイツでは、博覧会のメインタワーが給水塔であることもあった。一八九六年、ベルリンで開催された「大工業博覧会」のメインレストランは、美しい半円形の回廊状の建物で、その目の前には池があり、池の中心に聳えるのは見た目ではまるで給水塔とは思えないような壮麗なバロック装飾の美しい給水塔である（図4-25⑤）。一方同年のロシアでは、ニジニ・ノヴゴロドで行われた汎ロシア博覧会で、ウ

図4-25　①マン島のラクシーにある大水車の展望台（20世紀初頭の観光絵葉書）、②ハルスブリュッケの煙突（20世紀初頭の観光絵葉書）、③モンタナ州グレート・フォールズの「大煙突」（1930年代の観光絵葉書）、④バルティモアの「ショット・タワー」（写真：flickr by sneakerdog）、⑤1896年ベルリン「大工業博覧会」のシンボルとなった給水塔（20世紀初頭の観光絵葉書）

ラジミール・シューホフ（一八五三～一九三九）設計の双曲面構造を用いた斬新な鉄塔の給水塔（一一五・六メートル、一八九六年）が登場している（図4-26[192]）。

ドイツではベル・エポック時代の観光絵葉書の題材に給水塔がよく選ばれていて[193]、ドイツの歴史主義的な折衷様式にこだわった給水塔の極端な多さも、もしかしたらエッフェル塔のコンプレックスの表れなのかもしれない。しかし工業用タワーの中で、エッフェル塔の影響を直に受けやすかったのは、やはり鉄骨でつくられた電波塔である。鉄塔の中には、電波塔に見えても実はそうでないものもある。例えば「月光塔 Moonlight Tower」とよばれるものの

図4-26　1896年ニジニ・ノヴゴロド「汎ロシア博覧会」でのシューホフ設計の給水塔（当時の写真）

は、鉄塔の上に電球が取り付けられ、街区を照らす目的をもった街灯のことである。カリフォルニア州サン・ジョセ（七二メートル、一八八一年）のものが有名で、観光絵葉書の題材にもなっていた（図4-27①）。カリフォルニア州ロングビーチにある油井群も、あたかも電波塔（あるいは送電線）が密集しているのかのような圧倒される景観で、観光的な好奇心を駆り立てる。油井とは、原油採掘用の井戸のことだが、その上部には採掘装置を取り付けた「やぐら」が建っている。この油井やぐらが、木造の骨組みであっても鉄塔のような体を成している（図4-27②）。

エッフェル塔と高さで勝負しようとしていた鉄塔の電波塔として、モスクワのラジオ塔「シャーボロフスカヤ・タワー（シューホフ・ラジオ・タワー）」（一六〇メートル、一九二二年）（図4-27③）がある。[194]一九一九年、ロシア政府から設計を命じられたシューホフは、当初三五〇メートルの高さで設計していたが、鉄不足のため実現したものは半分以下の高さとなった。

エッフェル塔をモデルにしたベルリンの「ラジオ・タワー」（一五〇メートル、一九二五年）（図4-27④）は、第三回大ドイツ・ラジオ博覧会の際に建設されたこともあって、娯楽を兼ね備えた電波塔初期の例で、レストランのある第一展望台（五五メートル）と第二展望台（一二五メートル）を備えている。先にも述べたように、戦後ドイツで建設されてゆくテレビ塔は、鉄塔ではなく「塔カゴ」付きの鉄筋コンクリート造となるが、日本では地震が多いため、テレビ塔といえばエッフェル塔のようなトラス構造の鉄塔が主流である。

日本でテレビ放送が始まったのは一九五三年であった。当初は各テレビ局が独自に電波塔をつくっており、「日本テレビ塔」（一五四メートル、一九五三年）は、東京タワー建設以前に日本で最も高かった電波塔である。第一展望台は五五メートルの高さの階にあり、エレベーターで登ることができ無料であった。第二展望台は七四メートルの高さで、観光名所となった。山下清の一九五八年の旅行記には、「東京でいちばん高い塔は日本テレビ塔だときいてのぼってみたくなりました」と記されている。[195] 日本テレビ塔は、東京タワーの開業とともにその役割を終え、解体された。

エッフェル塔を模した

図4-27　①サン・ジョセの「電球塔」（20世紀初頭の観光絵葉書）、②カリフォルニア州ロングビーチにある油井群（20世紀初頭の観光絵葉書）、③シャーボロフスカヤ・タワー（シューホフ・ラジオ・タワー）（1919年の計画案）、④ベルリンの「ラジオ・タワー」（1920年代の観光絵葉書）

「東京タワー」（三三三メートル、一九五八年）は、分散していた各局のテレビ塔を一本化するために建設され、日本一の高さを記録した。設計は、二代目通天閣や多くの電波塔で実績のあった内藤多仲で[196]、彼が描いた一九五九年九月二九日付けのスケッチには、ピラミッド、名古屋、モスクワ、シュトゥットガルトにある電波塔、エンパイア・ステート・ビル、エッフェル塔の高さを、東京タワーと一緒に比較したダイアグラムもあり、エッフェル塔の高さを超えることを念頭に置いていたことが見て取れる[197]。

　世界の高さ競争の舞台は、ニューヨークのエンパイア・ステート・ビルを最後に、電波塔部門へと移っていった。まずモスクワの電波塔「オスタンキノ・タワー」（五四〇メートル、一九六七年）が世界で最も高い建物となり、次にカナダ・トロントのテレビ塔「ＣＮタワー」（五五三メートル、一九七五年）がそれを超えた。人が上れないアンテナだけの電波塔も含めれば、ノースダコタ州ブランシャールの「ＫＶＬＹテレビ塔」（六二八メートル、一九六三年）が、まず世界最高記録を更新した。一時期はワルシャワのラジオ塔（六四六メートル、一九七四年）に越されたが、修復工事ミスで一九九一年に倒壊したので、再びＫＶＬＹテレビ塔が世界で最も高い建築物となったが、二〇一三年の時点で世界の最高峰に君臨するのが、ドバイの超高層ビル「ブルジュ・ハリーファ」（八二九メートル、二〇一〇年）である。ブルジュ・ハリーファのデザインの原型となったのは、フランク・ロイド・ライトがシカゴに建てる予定で一九五六年に設計した幻の「一マイルの高さ」の超々高層ビル《ハイパービルディング》「マイル・ハイ・イリノイ（またはザ・イリノイ）」（一六〇〇メートル、五二八階建て）だった。なおサウジアラビアでは、ジッダの「キングダム・タワー」（予定変更なければ一六一〇メートル、二〇一七年頃完成予定）において、本当に一マイルを超える高さのビルの計画が現在進行している。電波塔部門で世界最高記録は「東京スカイツリー」（六三四メートル、二〇一二年）で、現時点ですべての世界の建築物を合わせてもブルジュ・ハリーファの次に高いのは、東京スカイツリーだ。

歴代、塔の高さは、常に権力と経済力の強さを測る物差しであったが、それに全く反して、経済低迷期「失われた二〇年」のさなかの二〇〇八年に着工し、史上最悪の大地震でもびくともせずに、東京スカイツリーは世界の高さの記録をつくった。デザインの監修は、建築家の安藤忠雄と彫刻家の澄川喜一により、外装の色や日本刀の「反り」のカーブを用い、日本の伝統美を取り入れた。地震の揺れを抑えるための構造は、五重塔の心柱をヒントにしたという。心柱とは、もともと神の御柱（オンバシラ）に遡る。それは直立する一本の木の柱、日本建築におけるスタンディング・ストーン、メンヒル（第一章参照）である。つまり東京スカイツリーは、日本建築の原点、塔の最もプリミティ

図4-28　①東京スカイツリー（写真：Wikimedia by Kakid-ai）、②諏訪大社の御柱（オンバシラ）（写真：Wikimedia by 663highland）

ヴで自然に近い原型を思い起こさせるのだ。さらに特筆すべきは名称に「タワー」を使っていないことだ。タワーは人為な高層建造物であるが、樹木《ツリー》は自然のなすがままに伸びてゆく。高さ競争の象徴であるバベルの塔のような挑戦性や権力性を全く感じさせない。東京スカイツリーは、あらゆる点において世界のタワーの歴史を覆し、先進的な技術力を駆使しながらも建築の原点に立った世界で最初のタワー、すなわち現代版御柱（オンバシラ）ではないだろうか（図4-28①②）。

---

122 画家ディディエ・バッラ（一五九〇頃～一六五二頃）とフランソワ・ド・ノメ（一五九三～?）。バッラの方が鳥瞰図を得意とし、ノメは幻想的な架空の都市景観で、シュールレアリズムの先駆者として二〇世紀になってから高く再評価された。

123 おそらくアレッサンドロ・バラッタのナポリ鳥瞰図版画 Felissimae Urbis Neapolitanae（一六二九年）を参照したと思われる。

124 ベルナール・コマン（野村正人訳）『パノラマの世紀』筑摩書房、一九九六年、一二三頁。

125 Hornor, Thomas, *Prospectus. View of London and the surrounding Country*.... London, 1822.

126 ベルナール・コマン（野村正人訳）『パノラマの世紀』筑摩書房、一九九六年、七八～八四頁。

127 創業時はエドゥアルド・ヴィリガーとともに、農耕機の製造を行っていた。

128 Donghi, Daniele, *Manuale dell'architetto. Volume Primo, Parte seconda. Elementi complementari od accessori e finimenti interni*, Torino, 1925, p.529.

129 この歴史的エレベーターは戦後解体され、現在は丘の中を採掘した普通のエレベーターで上がれるようになっている。

130 二台の Roux-Combaluzier et Lapape 社のエレベーター。この会社は一九六九年にスイスのシンドラー社に吸収合併された。初代のエレベーターは一八九七年まで使われていた。

131 *Guide officiel de la Tour Eiffel*, Paris, 1896, pp.33-42.

132 このエレベーターは一九一〇年に撤去された（エッフェル塔オフィシャルサイト：www.tour-eiffel.com）。

133 *Guide officiel de la Tour Eiffel*, Paris, 1896, p.43.

134 *Ibid*., pp.20-22. このエレベーターは一九八三年に撤去された（エッフェル塔オフィシャルサイト：www.tour-eiffel.com）。

135 Wüest, C., *Elektrotechnische Ausstellung in Frankfurt am Main1891*, Aarau, 1892, p.26; Füßl, Wilhelm, *Oskar von Miller 1855-1934. Eine Biografie*, München, 2005, p.113.

136 Baedeker, Karl, *Northern Italy*, Leipzig, 1930, p.704.

137 近年このエレベーターが描かれたふすま絵が発見された（毎日新聞夕刊、二〇一一年二月三日）。

138 最初に都市交通としてのエレベーター・タワーができたのは、一八七〇年、イギリス・ノースヨークシャー州サルトバーンであった。サルトバーンは断崖上の海浜町で、一八二五年に開通した世界最初の鉄道路線スクックトン＝ダーリントン間を、一八六一年に拡張した終着地にあったので、早くから人気の海水浴地となっていた。砂浜と断崖の上の三七メートルの段差を結ぶ「サルトバーン断崖リフト」があったが、一八八四年にはケーブルカーに差し替えられて今に至っている。

139 技師アウグスト・フェデリコ・デ・ラセルダ（一八三六〜一九三一）の設計で、一八九六年に再建されてからは「ラセルダのエレベーター」とよばれるようになった。最初は水圧式であったが、一九〇六年には電動になった。

140 一九一五年に水圧式から電動に切り替えられた。Milelli, Gabriele, *Katarinahissen: Un palinsesto architettonico a Stoccolma*, in AA.VV., *Il disegno e le architetture della città eclettica a cura di Loretta Mozzoni e Stefano Santini*, Napoli, 2004, p.509.

141 Giancarlo, *Lamont Young. Utopia e realtà nell'urbanistica napoletana dell'Ottocento*, Roma, 1978, pp.32-33.

142 Avena, Adolfo, *Galleria Umberto primo: di una rapidissima comunicazione tra la galleria ed il corso V. E. e del completamento dell'angolo via Roma-S. Brigida, progetto dell'ing. Adolfo Avena*, 2 ed., Napoli, 1890. 最初の案は一八八五年、ナポリの建築家アドルフォ・アヴェーナ（一八六〇〜一九三七）とナポリの路面電車の設計技師スタニスラオ・ソレンティーノによってナポリ市に提出された。Avena, Adolfo, *Di una funicolare aerea tra via Roma ed il corso Vittorio Emanuele: progetto di Stanislao Sorrentino e Adolfo Avena*, Napoli, 1885.

143 Gambardella, Alfonso; De Falco, Carolina, *Avena architetto*, Napoli, 1991, p.14. Cfr. Avena, Adolfo, *Note, discussioni e pareri sull'aerovia di Napoli*, ivi, 1894.

144 シュレースヴィヒ＝ホルシュタインに属する孤島。一七一四年にデンマーク領、一八一四年にイギリス領となり、一八九〇年よりドイツ領になった。エレベーター塔設置はイギリスの会社（Lift Company of Helgoland）が手がけた。

145 他にもイギリスの海浜町には、ブライトンのマデイラ・リフト（八・六メートル、一八九七年）やブラックプールのプロムナード・リフト（一九三〇年）のように、小規模ながらも海岸と町を結ぶエレベーター塔がある。

146 アルジェリアでは渓谷の町コンスタンティンにも二〇世紀初頭に建てられたエレベーター塔がある。

147 Donghi, Daniele, op. cit., p.529.

148 鉄骨の骨組みの塔は、一九七二年に閉業・解体され、二〇一二年にエレベーター塔が新築された。

149 後に完成したカステッレット・ポネンテ（西）のエレベーターと区別するために、カステッレット・レヴァンテ（東）とよばれることもある。

150 Friedman, Ralph, *Oregon for the Curious*, 1972, Portland, p.90.

151 オルセー美術館蔵（展覧会カタログ『東京スカイツリー完成記念特別展～都市と塔のものがたり～ザ・タワー』江戸東京博物館、二〇一二年、四〇～四一頁）。

152 Coppée, François, *Le Paroles sincères*, Paris, 1891, pp.93-101.

153 Maupassant, Guy de, *La vie errante*, Paris, 1890, p.2.

154 ロラン・バルト（宗左近・諸田和治訳）『エッフェル塔』ちくま学芸文庫、一九九七年、七頁。

155 Bloy, Léon, *Belluaires et porchers*, Cabris, 1997, p.70.

156 Huysmans, Joris-Karl, *Ecris sur l'art 1867-1905*, Paris, 2006, p.415.

157 *Guide officiel de la Tour Eiffel*, Paris, 1896, pp.17-20.

158 サンフランシスコのYoung Memorial Museumに収蔵されている。

159 オルセー美術館蔵（展覧会カタログ『東京スカイツリー完成記念特別展～都市と塔のものがたり～ザ・タワー』江戸東京博物館、二〇一二年、四八頁）。

160 ドローネーは一九二二年、詩人フィリップ・スーポーの肖像を描く際、窓越しからエッフェル塔だけが見える構図にしている。

161 Lynde, Fred. C., *Descriptive Illustrated Catalogue of the sixty-eight Competive Designs for the Great Tower for London*, London, 1890.

162 デザイン番号三七、ロンドンのA. D. Stewart, J. M. McLaren, W. Dunn三名の共同設計、pp.82-83.

163 デザイン番号五一、リヴァプールのJ. J. WebsterとW. Haighによる。pp.110-111.

164 当初はガス式であったが、後に水圧式に変わった。

165 一九五三年には頂上にテレビアンテナが設置され、改装後、一九九一年より再び一般公開されるようになった。http://www.petrinska-rozhledna.cz/

166 Baedeker, Karl, *Le sud-est de la France du Jura à la Méditerranée et y compris la Corse*, Leipzig, 1910, p.547.

167 かつて大阪には二つの展望塔、公園「有宝池」にあった「眺望閣」（三一メートル、一八八八年）と「有宝園」にある「凌雲閣」（四〇メートル、一八八九年）があった。

168 一九〇八年に、女性芸術家の夢に現れた神様の石膏像で、当時商業的にも人気を博した。大阪では白塔内のビリケン堂に祭られ、ビリケン像は閉館とともに紛失したが、一八八〇年に復元され通天閣に祭られた。

169 デザインは、インドの彫刻家アニッシュ・カプーアと建築構造家セシル・バルモンドによる。

170 上野公園での第二回内国勧業博覧会（一八八一年）の中心には約九メートルの高さの時計台が建った。

171 各塔に四基ずつのオーティス社製の高速エレベーターが備えられていた。

172 シカゴのリヴァービュー公園にも「ペア0シュート」という名の初期のパラシュート・ジャンプ塔が建っていたが、一九六八年に取り壊された。

173 伝統的な仏塔が万博で建設された例に、一九六六年の姫路大博覧会名古山会場の仏舎利塔（三七メートル）もある。

174 福井優子『観覧車物語―110年の歴史をめぐる』平凡社、二〇〇五年。

175 この博覧会では観覧車の二倍近い高さの鉄塔が建ち、シンボルタワーとなっていた。

176 Blackpool Winter Gardens Company のこと。

177 片面には観覧車が遠近法でタワーより高く描かれ、もう片面には GIGANTIC WHEEL, BLACKPOOL / ERECTED 1896 / DISMANTLED BY / WARD BROTHERS / OF ECCLES / MANCHESTER, 1928 / THIS MEDAL WAS STRUCK / FROM METAL / COMPRISING PARTS / OF THE WHEEL と書かれた。

178 みなとみらい21地区にあり、一九九九年に建て替えられた際一一二・五メートルの高さとなった。

179 ニュージャージー州プリーザントヴィル出身のメソジスト会宣教師ジェッス・レイク（一八二五〜一八九六）が発案した。

180 ただし一九〇二年にもランカシャー州クリーソープでも似たような回転昇降タワーが設置されている。

181 一九〇七年にスカラバラーとダグラスの回転タワーが閉業した。

182 一九〇二年に、グレートヤーマス回転タワー会社が新設されている。

183 一九〇五年の絵葉書のものと同一かどうかは不明。

184 土井万蔵は、一九三七年に名古屋で開催された「汎太平洋平和博覧会」のために日本最古の観覧車も制作していた。

185 後に大宮公園児童スポーツランドに移転。

186 閉会後はエキスポランドのアトラクションとして存続していたが、二〇〇九年のエキスポランド閉園で撤去された。

187 それまでドイツの初期のテレビ塔は、「塔カゴ」はない。シュヴァルツヴァルトの森のフェルトベルクのテレビ塔は、円柱形の塔で、ブレーメンのものは四角柱のビルのようなものだった。どちらも現在はテレビ塔の役目は終えている。

188 姫路大博覧会は、シンボルタワーのある手柄山公園の中央会場の他、大手前公園の南開場、名古山開場の三会場で開催された。

189 オタワ・マリオット・ホテル（一九七二年、創業時はホリデーイン）バンクーバー・エンパイア・ランドマーク・ホテル（一九七三年、創業時はシェラトン）、トロント・ハーバーキャッスル・ホテル（一九七五年、創業時はヒルトンだったが現在はウェスティン）、バンクーバー・ハーバーセンターの展望レストラン（一九七七年）など。

190 日本の例では名古屋にある東山給水塔（三七・八五メートル、一九三〇年、ただし屋根は一九八三年に付け加えられたもの）が後に展望タワーになった。

191 例えばヴルスドルフの給水塔住宅（三三メートル、一九二七年）やプレーツの給水塔住宅（一九二九年、二四メートル）など。

192 双曲面構造を用いた鉄塔の近年の例は、広州タワー（六〇〇メートル、二〇一〇年）や、日本では「神戸ポートタワー」（一〇八メートル、一九六三年）で、後者は鼓を細長くしたように見える構造美を生かしたデザインの展望塔である。

193 ブダペストの優雅なバロック建築の城のような給水塔、中世のドイツの城の見張り塔のようなククスハーフェン、ブロムベルク、ハイデ、ザルツヴェーデル、ハノーファー、グラーフェンヴェールの給水塔、イギリスの城のようなグリュックシュタット、エッセン、インスターブルク、ケーニヒスブルックの給水塔、ドイツ・ルネッサンス様式のブレスラウやデッサウの給水塔、イタリア・ルネッサンス様式のプラハの給水塔、ネオ・バロック様式建築のマンハイム、バート・ビルケンヴァルダー、メンヒェングラードバッハ、ジーベンレーンの給水塔、ロマネスク様式のヴォルムスやシュレットシュタットの給水塔、ゴシック様式のロストック、オイティン、ローブリュッゲ、ヴァルテラーガーの給水塔、ユーゲントシュティール様式のブルクシュテット、ノイ・デーバーリッツ、ジンゲンの給水塔、新古典主義のケルンの給水塔（現在はホテル）という具合にドイツには豪華なモニュメンタルな給水塔が他にも数多く存在している。フランドルにもいくつか装飾的な給水塔があり、例えばアラブ建築のようなアントウェルペンの給水塔の他、モンペリエ、ブランケンベルヘ、ダンケルクの給水塔などが挙げられる。

194 シャーボロフスカヤは立地場所の通りの名。

195 山下清『日本ぶらりぶらり』ちくま文庫、一九八八年、一二一頁。

196 内藤は、戦前すでに六〇以上の電波塔を建てていた。一九二五年、日本初のラジオ放送のための放送塔（四五メートル）が、内藤の設計で東京の愛宕山に建てられた。名古屋テレビ塔（一八〇メートル、一九五四年）、別府テレビ塔（現、別府タワー、一〇〇メートル、一九五七年）、札幌テレビ塔（一四七メートル、一九六三年）、博多タワー（現、博多ポートタワー、九〇メートル、一九六四年）も内藤の設計である。『タワー　内藤多仲と三塔物語』（ＩＮＡＸ出版、二〇〇八年）、五二～五三頁。

197 『タワー　内藤多仲と三塔物語』ＩＮＡＸ出版、二〇〇八年。

【著者略歴】
河村英和(かわむら・えわ)
1972年ニューヨーク生まれ。1995年、東京工業大学工学部建築学科卒業。1998年よりロータリー国際財団奨学生、のちにイタリア国費留学奨学生として渡伊。2005年、ナポリ・フェデリコ2世大学建築学部建築史科博士課程「建築批評・建築史コース」修了。現在、東京工業大学の特別研究員、イタリア語講座を担当。
[専門分野]
イタリア建築・都市・美術史、ホテル・観光史。
[主な著書]
『Alberghi storici dell'Isola di Capri』Edizioni La Conchiglia、2005年。
『カプリ島—地中海観光の文化史』白水社、2008年。
『イタリア旅行—「美しい国」の旅人たち』中公新書、2011年。
『観光大国スイスの誕生—「辺境」から「崇高なる美の国」へ』平凡社新書、2013年。

タワーの文化史

平成 25 年 8 月 30 日　発　行

著作者　河　村　英　和

発行者　池　田　和　博

発行所　丸善出版株式会社
〒101-0051 東京都千代田区神田神保町二丁目17番
編集：電話(03)3512-3264 ／ FAX(03)3512-3272
営業：電話(03)3512-3272 ／ FAX(03)3512-3270
http://pub.maruzen.co.jp/

組版印刷・製本／藤原印刷株式会社

ISBN 978-4-621-08699-5 C 0022　Printed in Japan